C000130124

La lección de música

SINATRA|Berenice

VICTOR L. WOOTEN

LA LECCIÓN DE MÚSICA

*Guía espiritual para el crecimiento
a través de la música*

Traducción de Juan Manuel Ruiz Pardo

Berenice

Título original: *The Music Lesson*

© Victor L. Wooten, 2008, 2019

© de la traducción, Juan Manuel Ruiz Pardo, 2019

© Editorial Almuzara, S.L., 2019
www.editorialberenice.com

Primera edición: mayo, 2019
Colección Sinatra (Música)

Director editorial: Javier Ortega
Maquetación: Ana Cabello

Impresión y encuadernación: Black Print
ISBN: 978-84-17558-89-5
Depósito legal: CO-412-2019

All rights reserved including the right of reproduction in whole or in part in any form.
This edition published by arrangement with Berkley, an imprint of Penguin Publishing Group,
a division of Penguin Random House LLC.

No está permitida la reproducción total o parcial de este libro, ni su tratamiento informático, ni la transmisión de ninguna forma o por cualquier medio, ya sea mecánico, electrónico, por fotocopia, por registro u otros métodos, sin el permiso previo y por escrito de los titulares del copyright. Cualquier forma de reproducción, distribución, comunicación pública o transformación de esta obra solo puede ser realizada con la autorización de sus titulares, salvo excepción prevista por la ley. Diríjase a CEDRO (Centro Español de Derechos Reprográficos, www.cedro.org) si necesita fotocopiar o escanear algún fragmento de esta obra

Impreso en España / *Printed in Spain*

¿Verdad? ¿Qué es la verdad?… Y, por cierto,
si siempre te cuento la verdad,
quizá empieces a creerme.

Michael

Índice

Nota de adorno

Creo que la misma Música tuvo algo que ver con el hecho de que este libro esté en tus manos. ¿Qué significa esto, «la misma Música»? Yo me hice una vez la misma pregunta.

Toco el bajo desde que tenía dos años, pero empecé a hacer Música antes de eso. Soy el más joven de cinco hermanos músicos, y fui bienvenido a un mundo único rara vez avistado por intrusos. Un mundo musical místico que, al parecer, puede visitar todo el mundo, pero en el que sólo los elegidos pueden quedarse.

Toques o no un instrumento, este mundo te aguarda. Cómo llegar a él es cosa tuya. No hay instrucciones. Mi madre solía darme pistas cuando era más joven. Siempre nos decía a mis hermanos y a mí: «Ya tienes éxito; sólo que el resto del mundo aún no lo sabe». Lo diré en términos musicales: «Ya eres musical; sólo que aún no lo sabes».

Cuando era más joven, mis hermanos eran como mis segundos padres, guías y profesores. En realidad, aún lo son. Pero ahora que soy mayor es cuando entiendo el valor de lo que *no* me enseñaron. También comprendo sus razones para no decirme *nada*, ocasional y estratégicamente, cuando hacía una pregunta. Me invitaban (y a veces me obligaban) a resolver las cosas por mí mismo. Así fue como, a una edad temprana, me convertí en mi propio profesor.

En más de cuarenta años tocando, he desarrollado mis propias ideas acerca de quién y qué es realmente la Música. En mis videos, y en los cursos y campamentos, he empezado a compartirlas.

Necesité valor para hablar abiertamente de algunas de ellas. Mis amigos no dejaban de decirme que había que expresar esas ideas y que la gente estaba preparada para oírlas. Me animaron a escribir un libro. Yo sabía que esperaban un libro de instrucciones. Eso es exactamente lo que *no* quería escribir.

Los manuales son con frecuencia estériles y reflejan el punto de vista definitivo de quien los escribe. Dirigen al lector por un camino estrecho hacia un destino que no es el suyo, sino el expuesto por el autor. No es mi intención guiar a nadie de esa forma.

También quería separar la información de mí mismo. En otras palabras: si la información planteaba una pregunta, debía ser el lector quien cuestionase la información, no yo. Es otra forma de decir que no quería tener que defender lo que escribía. Por ejemplo, ¿cómo podría explicar a alguien que la Música es real, femenina, y que puedes tener una relación con ella? No puedo probarlo; eso es algo que tienes que descubrir por ti mismo.

De la misma manera que no se puede aplaudir con una sola mano, no se puede tener una relación unilateral. Ahora lo tengo claro. Para que una relación funcione de forma satisfactoria debe haber igualdad en todos los sentidos. Las dos partes deben dar, tomar, respetar, amar y escuchar a la otra. No he comenzado a tener una relación completa con la Música hasta hace poco. Antes era unilateral. Una vez que le permití a la Música tomar parte en esa relación, las cosas cambiaron drásticamente. Por supuesto que me serví de la Música, pero siempre le di lo mejor de mí. O pensaba que lo hacía. Mi error fue que nunca la escuché; o, al menos, no de forma sincera.

Explicaré lo que quiero decir. La escuché en el pasado, pero sólo de forma unilateral. Escuchaba lo que yo quería escuchar, y no lo que la Música tenía que decir. Era como si únicamente quisiese oír mi propia opinión. ¿Has tenido alguna vez una conversación donde no estabas escuchando realmente lo que la otra persona tenía que decir? Por supuesto que sí. Lo hacemos constantemente. Por lo general, estamos tan ansiosos por decir la próxima palabra o frase que no escuchamos completamente lo que el otro dice. Sentimos la necesidad de expresar nuestro punto de vista: la necesidad de ganar. Eso no fomenta una buena relación. Ni funciona con la Música tampoco.

La Música existe dentro de cada uno de nosotros. Un instrumento ofrece diferentes formas de expresión y permite a los demás comprobar lo musical que eres, pero no tienes que tocar ni una sola nota para serlo. Sé que la Música no está dentro de mi bajo. No puede encontrarse en ningún instrumento. Comprender eso ha cambiado mi Música y mi relación con ella. Ya no intento crearla. ¡La siento y la escucho! Sé que *debo* escucharla para que nuestra relación sea completa.

Un amigo me dijo una vez: «Un instrumento en el suelo no produce ningún sonido. Es el músico quien debe o no dar a luz a la Música». Date cuenta de que no dice que debamos *crear* Música. Hay una diferencia.

En unas pocas páginas conocerás al hombre que me presentó una manera completamente nueva de ver la Vida. Bajo su tutela, concebí muchas ideas y derribé muchos muros. Quizá nunca hubiese encontrado a la Música sin su guía. Me ayudó a convertirme en el músico y la persona que soy hoy en día. Sí, hubo otros que me ayudaron en el camino; pero debo reconocer públicamente el mérito de esta persona en concreto por ayudarme a encontrar, de nuevo, ese mágico sitio musical que de alguna forma había olvidado.

A mis amigos: este es el libro que me pedisteis. Quizá no sea exactamente lo que esperabais; pero creedme, lo que queríais está aquí. Encontrarlo es cosa vuestra.

Recuerda cuando dije que la Música misma tiene algo que ver con el hecho de que este libro esté en tus manos. En realidad, tiene todo que ver. No sabes qué pensar, ¿verdad? Tienes tus reservas. No hay problema: yo también las tuve. Confía en mí y sigue leyendo. Te ayudaremos; la Música, Michael y yo.

Disfruta.

EL COMIENZO

«¡Tío, tengo tanto que aprender!».

No hay nada nuevo en esta afirmación, pero la historia que estoy a punto de contarte quizá haga que tú digas lo mismo al final. Puedes resistirte, como yo hice; pero si no lo haces, sólo te llevará un momento encontrar un mundo completamente nuevo aguardándote, un mundo que ni siquiera sabías que existía. Además, daría igual que te resistieras.

Había sido músico durante mucho tiempo. Bueno; mejor dicho, había tocado el bajo durante mucho tiempo, unos veinte años antes de conocerle. Con todo, hasta que le conocí no aprendí la diferencia entre tocar el bajo y ser un músico; y aún más, la diferencia entre ser un músico y ser musical. Pensaba que ya sabía mucho de música. Incluso pensaba que sabía un poco de la vida, pero lo que pasó durante los siguientes días me demostró que yo sólo era un niño en lo relativo a este mundo.

También pensé que nunca contaría esta historia por miedo al ridículo. Al menos, eso es lo que siempre me había dicho; pero sabía que era porque no estaba seguro de que esta historia sucediera en realidad. Y si no creía del todo que fuese real, ¿cómo podía esperar que alguien lo creyera? Nunca descubrí quién era este tipo realmente o de dónde venía. Cuanto más tiempo pasa, más empiezo a creer que quizá, sólo quizá, salió de mi imaginación, de algún lugar recóndito de mi mente, a donde ha vuelto ahora a vivir. Aún puedo oírle por allí muchas veces. Es como si estuviese constantemente reorganizando mis ideas. Puedo oír su voz en mi cabeza diciendo: «¿Real? ¿Qué es real? Y dime: al fin y al cabo, ¿qué importa la realidad? ¿Has aprendido algo de la experiencia? ¡Pues *eso* es lo importante!».

Era un hombre extraño, diferente a cualquier otro profesor que hubiese tenido antes. En realidad, nada en él era corriente. Medía 1'90 y tenía un pelo largo, moreno y lacio, que le colgaba por debajo de los hombros. Sus rasgos faciales eran peculiares, pero de una forma que hacía difícil precisar de dónde era. Parecía ser mitad nativo americano y mitad... otra cosa.

Nunca había conocido a nadie con unos ojos como los suyos. Eran muy penetrantes. Y tan cristalinos como un arroyo de las montañas de Colorado. Cuando me daba clase y se me acercaba mucho, como le gustaba hacer, la transparencia de sus ojos me permitía mirar dentro de ellos tan profundamente como él miraba dentro de los míos.

También, un día de repente, parecían cambiar de color. Unas veces eran azul claro. Otras, parecían verdes; y otras, incluso, marrones. Nunca supe la causa, pero era un gran recurso para mantener mi atención.

No sólo sabía por sus ojos que era un hombre sano; también que su cuerpo era increíblemente fuerte. Como un buen instrumento usado para cualquier tarea imaginable, su cuerpo nunca parecía desfallecer o cansarse. Aunque a menudo le veía correr, saltar, galopar y escalar, nunca le vi sudar. Era un misterio cómo conseguía mantenerse tan elegante y en forma, incluso aunque comiese y bebiese lo que quisiera. Para él, una comida era una comida, y no importaba qué era o de dónde venía.

También usaba las cejas como utensilio. Podía controlarlas mejor de lo que la mayoría de los músicos controlan su instrumento. Podía explicar algo sin decir una sola palabra, sólo con levantar una de sus oscuras cejas.

Sus maneras eran impredeciblemente peculiares, y su ropa era siempre de la que llama la atención, aunque nunca parecía preocuparse de lo que el resto de la gente pensase de él. Casi siempre que le veía, vestía de forma diferente. Sus zapatos, cuando los llevaba, eran unas botas sin marca o bien un par de viejas sandalias gastadas.

Me da rabia admitirlo, pero en realidad echo de menos esas pequeñas cualidades irritantes que tenía mi amigo. Era la persona... ¿cómo decirlo? La más «libre» que he conocido. No dudaría en quitarse la ropa, saltar una valla y colarse en una piscina privada al aire libre para darse un rápido y refrescante baño en pelotas. Aunque siempre era lo bastante educado como para preguntarme si quería unirme a él, saltar desnudo una valla en mitad de noviembre para darme un baño ilegal no era mi idea de diversión. Él poseía muchas de las cualidades que a mí me gustaría tener, y le envidiaba por ser capaz de hacer esas cosas sin aparente interés, preocupación o vergüenza.

Poseía el don de tener opinión sin ser dogmático. Yo sigo sin saber cómo hacerlo. Ahora sé que sólo quería hacerme pensar, usar la cabeza.

Una parte importante de su método de enseñanza consistía en contestar a mis preguntas con otra pregunta. Eso me frustraba muchas veces, pero me hacía pensar por mí mismo. Estoy seguro de que eso era lo que él quería. No tengo claro si alguna vez me mintió abiertamente, pero sí sé que con frecuencia modificaba la verdad. Cuando le preguntaba al respecto, contestaba: «¿Verdad? ¿Qué es la verdad? Y dime: al fin y al cabo, ¿qué importa la verdad? ¿Has aprendido de la experiencia? ¡Pues *eso* es lo importante! Y, por cierto, si siempre te cuento la verdad, quizá empieces a creerme».

Eso me confundía, ya que siempre pensé que debía creer a mis profesores. Supongo que me equivocaba. Aún puedo ver esa taimada sonrisa en su rostro siempre que sabía que me estaba confundiendo por completo.

La confusión parecía mi estado natural cuando estaba con él, especialmente al principio. Le recuerdo diciendo: «La Música, como la Vida, y como tú mismo, es una entidad que se expresa a través de sus diferencias». Por mi mirada confundida, sabía que no le entendía. «La Música es una cosa —continuó—, pero no existiría sin sus partes. No podrías tocar un acorde sin las diferentes notas que lo forman. Si cambias una nota, cambia el acorde. La vida no es diferente, ni tú tampoco. Te expresas en la vida eligiendo diferentes notas todo el tiempo. Aprende a ser consciente de las notas que eliges y la vida te responderá con el acorde apropiado; o, en otras palabras, la vida te responderá de forma *acorde*». No sabía qué decir. Él se limitaba a sonreír.

Le encantaba reírse. Recuerdo que le hablé de un invento que vi una vez llamado *El bloqueador de licks*[1]. Era un trozo plano de madera que se sujetaba al puño mientras estabas tocando. Se supone que era para impedir que el público pudiera ver tu mano, haciendo así que no pudiesen robar tus *licks*. Se rio durante al menos diez minutos cuando se lo conté. «Me alegra no ser normal», solía decir.

«Compartir es una de las cosas más necesarias para el crecimiento personal», me dijo una vez, y afirmó también que mucha gente no llegaba nunca llegaba a entender ese punto. Decía que muchos de nosotros intentamos acumular conocimiento para superar a todos los demás. Lo entiendo perfectamente porque yo solía usar el mismo método. De alguna forma, creo que él lo sabía.

No me llevó mucho darme cuenta de que estaba aprendiendo algo más que música. Rara vez hablábamos sobre ella, pero en los pocos días que estuvimos juntos me enseñó más sobre la vida de lo que nadie me ha enseñado jamás. «Música, Vida, Vida, Música: ¿cuál es la diferencia?», solía decir.

Recuerdo haberle criticado por dejar mi coche abierto. Me preguntó si creía a mi madre cuando me decía que «todas las cosas suceden por una razón». Le dije que sí. «Escúchala, entonces —respondió—. Cambia tus vibraciones. Deja de crear razones para que te fuercen el coche». Me quedé un rato pensando en eso.

Las vibraciones eran un concepto importante para él. Supongo que «concepto» no es la mejor palabra. Lo sé porque hablaba de ellas como si estuviesen vivas. Su enfoque de la música era el mismo, y se entusiasmaba cuando hablaba de ello. Parecía pensar que todas las cosas están hechas de vibraciones, especialmente la música.

«Todas las cosas están en movimiento —me dijo una vez—; y aunque algo parezca estar inmóvil, siempre se está moviendo. Este movimiento puede cambiar, pero no cesará nunca. Toda Música

---

1 Un «lick», sobre todo en el contexto del jazz y el rock, es un grupo de notas con carácter melódico que un músico utiliza de forma distintiva a la hora de improvisar y que ayuda a identificar su sonido. (Nota del traductor).

que se tocó alguna vez sigue sonando en el presente». Nunca había pensado en ello de esa forma. Siempre que mencionaba la palabra «Música» lo decía con una claridad específica de la que yo carecía. Era como si pudiese sentir vibrar la verdad de la palabra cada vez que él la pronunciaba.

Me dijo, además, que los pensamientos son vibraciones. También me quedé pensando un largo rato sobre eso. No tenía forma de rebatírselo, y creedme, lo habría hecho si hubiese podido; pero cuando pensaba en la forma en que funciona un detector de mentiras, midiendo sutiles cambios en las vibraciones de la mente y el cuerpo, supuse que quizás tuviese razón. Siempre la tenía.

Cuando le pregunté cómo sabía todas esas cosas, la rapidez de su respuesta me sorprendió. «Hay una pregunta mejor: ¿cómo es que *tú* no las sabes? Todo el conocimiento que existió o existirá alguna vez está ya ahí, a tu alcance. Lo único que tienes que hacer es sintonizar tu mente con lo que quieras saber».

Le encantaba hablar sobre el poder de la mente. «Todas las cosas tienen mente —solía decir—. Incluso una bellota guarda, en su interior, una imagen del árbol entero. Si esto no fuese verdad, ¿cómo podría aparecer el árbol? ¿Crees que tu mente es menos poderosa que la de una bellota? Las imágenes o la Música que alberga una mente humana están destinadas a salir a la luz. ¡Tienen que hacerlo! ¡Es la ley! Aprender a usar la mente es la llave que abre todas las posibilidades».

La audacia de sus afirmaciones hacía que la cabeza me diera vueltas. Supongo que estaba enseñándome, sin decírmelo, a usar la mente, porque nunca me pidió que escribiese nada. Pasaron años antes de que me diese cuenta de que jamás tomé notas de nada de lo que me había dicho, ni tampoco le saqué nunca una foto. No tengo nada más que mi memoria para documentar las experiencias que voy a relatar. Y hablando de mi memoria… Bueno, he olvidado lo que iba a decir.

La única evidencia física que me queda de su visita son doce compases manuscritos de música. Los escribió rápidamente una noche mientras tocábamos juntos en mi casa. Me dijo que eran un regalo de la Música. Al principio creí que quería decir «un regalo *de* música», pero él siempre se explicaba perfectamente. Se suponía que esos compases contenían todos los elementos que me había estado enseñando. Los tocamos juntos como si fuese un dúo; pero dijo que, un día, sería capaz de tocar toda la pieza yo solo. Aún estoy esperando a que llegue ese día. Nunca se los he enseñado a nadie. La mayoría de la gente me diría que los compuse yo, y quizá lo hice.

No sé qué pasó, pero un día decidí escribir yo mismo toda la historia. Mientras estaba redactando estas notas, alguna fuerza desconocida me convenció de compartir esta experiencia con vosotros. Habría dicho que me convencí a mí mismo, pero estoy seguro de que era su voz la que me interrumpía constantemente preguntando: «¿Para quién estás escribiendo esto?» Aún no sé la respuesta a esta pregunta; pero, ya que estáis leyendo mis palabras, quizá lo escribí específicamente para vosotros.

Como yo, quizá os preguntéis quién era realmente ese tipo, de dónde vino y dónde está ahora. No sé si puedo responder con precisión a alguna de esas preguntas. A veces creo que vino de otro planeta. Quizás era un nómada, un catedrático de universidad retirado o incluso un místico del Himalaya. Probablemente esté vagando por ahí, buscando a su próxima víctima, otra mente influenciable con la que jugar.

Quizá todo lo anterior sea cierto. He aprendido a no descartar ninguna posibilidad. Lo que sé con seguridad es que lo que me enseñó... o, mejor dicho, lo que me mostró acerca de la Música y de la Vida me resulta tan estimulante ahora como cuando lo escuché por primera vez.

Así que, siguiendo su ejemplo, voy a compartir mi experiencia con vosotros. Una vez que lo haya hecho, estáis solos. Lo que hagáis con ello es cosa vuestra. No os puedo prometer total precisión ni total honestidad, y no perdáis el tiempo intentando adivinar qué parte es verdad y cuál no lo es. Lo importante es lo que saquéis de ello. «En cualquier caso, la verdad es tu decisión». Y como él me decía una y otra vez: «Quiero que pienses por ti mismo.»

«¡Tío, tengo tanto que aprender!»

GROOVE[2]

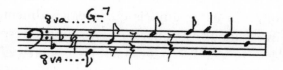

Nunca deberías perder el groove
para encontrar una nota

Yo había estado trabajando durante muchos años en la escena musical de Nashville y no le había visto ni una sola vez. Todos me conocían en la ciudad, había tocado en muchos grupos y nadie mencionó nunca su nombre. Aunque esperaba poder ganarme la vida dignamente con la música, subsistir se había convertido era una lucha constante que en ese momento empezaba a desbordarme. Quizá fue eso lo que le hizo salir a escena.

Para mí, a pesar de estar sin trabajo, no era opción trabajar de camarero, como muchos músicos en la ciudad se veían forzados a hacer. Mi casero acababa de llamar para recordarme que sólo

---

2 Dado que «groove» es un término cuyo uso está muy generalizado en castellano hemos decidido mantenerlo. Hace referencia a la sensación rítmica, contagiosa para el oyente, alentada por la energía interior que se genera en el músico y que le permite inyectar sentido, inspiración y cadencia a cada compás dentro de un ostinato rítmico. (N. del T.).

quedaban unos días para fin de mes; y sin bolos[3] en la agenda, la verdad es que no me di ninguna prisa en devolverle la llamada. Mi novia... Bueno, tampoco hay por qué mentir sobre eso: no tenía.

Por más que lo intentaba, no conseguía meter la cabeza en el circuito local de grabaciones. Las pocas sesiones que había hecho nunca llegaron a traducirse en nuevas llamadas, y cuando perdía un bolo con un grupo en una sala, rara vez sabía por qué. Era un buen bajista; no el mejor, pero sí bueno, así que no podía entender por qué la gente no querría tenerme en su grupo.

Sin ningún bolo a la vista, y sin saber qué hacer, decidí empezar a practicar más. No me gustaba practicar (y sigue sin gustarme), pero sabía que algo tenía que cambiar. O bien mejorar por arte de magia, o bien cambiar mi forma de tocar, o mudarme a otra ciudad y empezar de nuevo. Ante la gravedad de mi situación, opté por ponerme a practicar.

¿He dicho ya que odio practicar? Nunca sé qué practicar ni por qué lo hago. También me suele dar sueño cuando ya llevo un rato.

Así que estaba en casa, trabajando laboriosamente escalas y modos y sin saber por qué. Sólo sabía que mis anteriores profesores me habían dicho que lo hiciera. Todos los libros que había leído decían lo mismo, así que me puse a ello.

Emocionalmente estaba en mi momento más bajo porque no iba a ningún sitio con mi forma de tocar ni estaba satisfecho con mi nivel. Mi vida hogareña y mi vida sentimental...bueno: mi vida, en general, no estaba en su mejor momento.

El sonido de la lluvia en el revestimiento metálico de mi dúplex, junto a la monotonía del estudio de las escalas, empezaban a adormecerme. Fue durante una de mis sesiones de sueño, es decir, de practicar escalas, cuando le conocí: o, más exactamente, cuando apareció por primera vez. Y eso fue exactamente lo que hizo: ¡se presentó, sin invitación! O por lo menos, yo pensé que no la tenía. Él lo veía de otro modo. Dijo que, en realidad, yo le llamé. Aún me confunde esa afirmación; pero de alguna forma, por alguna razón, allí estaba, en mi casa.

---

3   «Bolo» significa «actuación» (en inglés, «gig»). Se utiliza, sobre todo, para referirse a las que tienen lugar en pequeños locales o salas. (N. del T.).

No tengo ni idea de cuánto tiempo llevaba aquel desconocido allí de pie mirándome. El hecho de que estuviese completamente seco a pesar de estar lloviendo fuera me hizo preguntarme si llevaría allí un buen rato. Lo más extraño de todo es que...yo no quería que se marchase.

Desde donde yo estaba en el sofá, se le veía alto y misterioso. Llevaba un mono azul como los de la NASA y un casco negro de motorista. Y aunque sus ojos estaban escondidos, podía sentir cómo penetraban hasta el fondo de mi mente, como si estuviese buscando el momento más oportuno para empezar.

—¿Cómo has entrado? —pregunté, sobresaltado, medio dormido y sin entender por qué aquella intrusión no me había enfadado.

—Tú me pediste que viniera.

—¿Yo?

—Sí.

—Pero ¿cómo has entrado? ¿Quién te ha dejado pasar?

—Tú.

—¿De verdad? ¿Es que te he dado una llave?

—No necesito llave.

—¿Quién eres?

—Soy tu profesor.

—¿Mi profesor?

—Sí.

—¿Mi profesor de qué?

—De nada.

—¿Nada? Bueno, entonces ¿qué se supone que vas a enseñarme?

—¿Qué quieres aprender?

—Muchas cosas. ¿Qué puedes enseñarme?

—¡Nada!

—¿Qué quieres decir con «nada»?

—Exactamente eso: nada.

Esta era una de las típicas conversaciones que estaban por llegar, pero en ese momento no sabía cómo reaccionar y necesitaba una respuesta sencilla.

—Eso no me vale. Has aparecido en mi casa sin previo aviso; creo que merezco alguna explicación.

Inclinó la cabeza, me miró a través del casco y contestó: «No enseño nada porque no hay nada que enseñar. Ya sabes todo lo que necesitas saber; pero me has pedido que viniera, y aquí estoy».

—Pero has dicho que eres mi profesor.

—Sí, eso he dicho; pero intenta entenderlo. «Profesor» sólo es un título. No puedo enseñarte porque nadie puede enseñar nada a otra persona.

—¿Qué quieres decir con eso?

—Sólo tú puedes enseñarte a ti mismo. Hasta que llegue el día en que pueda implantarse el conocimiento físicamente en la cabeza, no puedo enseñarte nada. Sólo puedo *mostrarte* cosas.

—¿Qué puedes «mostrarme?»

—Cualquier cosa.

—Entonces, enséñamelo todo —contesté.

—Eso llevaría un tiempo. Quizá sea más fácil si elegimos un tema.

—De acuerdo, ¿qué tal la música?

—¡Perfecto! ¡La Música! ¿Empezamos?

No tenía nada claro que fuera a empezar nada con este personaje. Ya os he dicho que llevaba un mono azul y un casco negro de motorista (sí, aún lo llevaba); pero ¿he mencionado que llevaba un monopatín bajo el brazo izquierdo y un saco de arpillera en el hombro? Me lo imaginé yendo en su monopatín por la calle, bajo la lluvia, con esas pintas.

No tenía idea de en qué me estaba metiendo. Tampoco tenía claro si iba o no en serio. Por lo que sabía, podría haber entrado a robarme. Pero no lo creía. Había mucho que desconocía, pero en cualquier caso decidí seguirle el juego. Había algo intrigante en él, y quería saber más.

—Espera un minuto. Si no eres profesor, ¿qué eres? ¿Cómo debería llamarte?

—Michael. Llámame Michael —contestó. Se quitó el casco y me estrechó la mano.

Recuerdo que sus ojos azules eran hipnóticos. Tuvieron en mí un efecto inmediato. De alguna forma sentí que podían ver en mi interior, y temí lo que podrían descubrir. Luché para no perder el control.

Sin moverme del sofá donde estaba reclinado, le solté la mano. Adopté lo que creí que era una actitud dominante y respondí en tono engreído: «De acuerdo, Michael, ¿qué puedes enseñarme sobre música?»

—Nada. Ya te lo he dicho —contestó, retirando la mano—. He intentado enseñar muchas veces en el pasado. Una como «hombre medicina» apache en New Jersey, y otra como yogui en la India. Incluso intenté enseñar a la vez que pilotaba biplanos en Illinois. Esta vez, estoy viviendo según las leyes de la Música. Algunos me llamarían profesor, pero yo no enseño; yo muestro.

Este tipo estaba lleno de…bueno, algo. No tenía claro de qué iba. ¿Es esto una broma? pensé. ¿Es un actor? Ha dicho que está viviendo según las «leyes de la música». ¿Qué significa eso? La música tiene reglas, ya lo sé; pero ¿leyes? No es como si estuviéramos hablando de la ley de la gravedad, o la velocidad de la luz, o…

—Ciencia —comentó, interrumpiendo mis pensamientos—. La Música es más amplia de lo que crees.

—Ciencia —musité. Eso es justo lo que iba a decir. ¿Cómo ha hecho eso? ¿Coincidencia? Seguramente.

—«Mu» —continuó— es una palabra antigua que significa «Madre», y *sic* es sólo una abreviatura de la palabra «ciencia». Con lo que, si lo pones todo junto, Música significa «la madre de todas las ciencias». Así que ya ves: la Música es importante. Puedo mostrarte esa ciencia si quieres. ¿Hay algo en concreto que te interese?

Aunque pensé que estaba hablando como un demente, había captado mi atención. Pero no quería rendirme tan pronto. También supuse que, dado que estaba en mi casa, debería ser yo quien hiciese las preguntas. Me recliné aún más y entrelacé los dedos tras la cabeza. Después, crucé las piernas y traté de actuar con calma. Esbozó una ligera sonrisa, como quien siempre sabe de antemano lo que el otro va a decir.

—¿Qué instrumento tocas? —pregunté.

Se volvió y tomó asiento en la silla que había frente a mí. Apoyando el monopatín en su regazo, se puso el pelo por detrás de la oreja derecha y tomó aire antes de responder.

—Yo toco Música, no instrumentos.

—¿Qué quieres decir con eso? —le pregunté, perdiendo mi supuesto control de la conversación.

—¡Soy músico! —contestó. Puso la mano en el pecho para enfatizarlo y me señaló con un ademán—. Tú sólo eres un bajista. Eso quiere decir que tocas el bajo. Un músico de verdad, como yo, toca Música y usa instrumentos concretos como herramientas para hacerlo. Yo sé que la Música está dentro de mí y no dentro del instrumento. Tener eso claro me permite usar cualquier instrumento, o ninguno, para hacer Música. Yo soy un músico de verdad, y algún día tú lo serás también.

Hablaba con confianza, y yo estaba intentando encontrar una forma de despojarle de ella.

—¿Estás diciendo que puedes tocar cualquier instrumento? —pregunté.

—¡Por supuesto, y tú también! Esa capacidad es la que nos separa. Un escritor de verdad puede escribir usando una máquina, un bolígrafo, un lápiz o cualquier otra cosa que elija. No le llamarías escritor de lápiz, ¿verdad? Cuando comprendes que el utensilio de escritura es sólo una herramienta es cuando puedes ver más allá, ver la verdad de lo que él es: un escritor. La historia está en el escritor, ¿no? ¿O está en el lápiz? Tu problema es el siguiente: has estado intentando contar tu historia *con* el bajo en vez de *a través de* él.

Me gustaba lo que decía, y eso me molestaba. Intenté aferrarme a mi resistencia, y traté con todas mis fuerzas de encontrar algún fallo en su razonamiento. Cuanto más me quedaba allí pensando en lo que había dicho, más interesado estaba en Michael y en sus ideas, y menos en encontrar por dónde atacarle.

Desde luego, tenía un punto de vista único. Sí, apareció sin que se le invitara, y eso probablemente debería haberme molestado. Al principio lo hizo; pero, de repente, quería más. Quería oírle hablar. Si podía ayudarme a ser mejor bajista, estaba dispuesto a dejarle hablar. Quizás.

—¿Sabes qué significa ser bajista? —preguntó.

Era una pregunta extraña. No sabía cómo contestar, así que no lo hice.

—El bajo es el instrumento más noble —declaró.

—¿Qué quieres decir?

—Se le subestima y no se le valora, pero juega el papel más importante. El bajo es el nexo entre la armonía y el ritmo. Es la base de un grupo. Sostiene a todos los demás instrumentos, pero rara vez se reconoce eso.

Yo luchaba entre dejarme atrapar por sus palabras y tratar de mantener mi dominio de la situación. Él iba ganando.

—Los cimientos de cualquier edificio tienen que ser la parte más fuerte —continuó—; pero nunca oirás a nadie entrar en un edificio y decir: «Vaya, qué cimientos más buenos tiene». A no ser que sea débil, la base pasa inadvertida. La gente paseará por allí sin agradecer que esté debajo. La Vida de un auténtico bajista es igual.

—¡Vaya! ¡Eso es guay! Nunca lo había visto así antes.

—¿Por qué no? —preguntó.

Me enfadé conmigo mismo por la espontaneidad de mi comentario. No quería exteriorizar mi entusiasmo aún, así que recuperé la compostura y respondí con más calma. «No lo sé. Supongo que porque nadie me había enseñado música de esta forma».

—Ahí reside tu primer problema —afirmó.

—¿Problema? ¿Qué quieres decir?

—Aún crees que todo se puede enseñar.

Miré en silencio al suelo durante un buen rato sin saber qué decir. El desconocido permaneció también quieto, y así me dio tiempo para procesar sus palabras. No veía nada claro aquello. Quiero decir que a todos se nos enseña algo en algún momento de nuestras vidas, ¿no? Recuerdo que fui a clases de música de niño; y por supuesto, tenía un profesor. Yo mismo había dado clases de música cuando me mudé a la ciudad. Al darme cuenta, de nuevo, de que había perdido totalmente el control de la conversación, empecé a agobiarme.

Estaba apoyado en el sofá con el bajo en mi regazo, intentando pensar en algo que decir. Él estaba sentado enfrente, en lo que podríamos llamar «su silla». Yo era consciente de que me miraba fijamente, pero no me atrevía a mirarle. Por algún motivo, no quería que supiese lo incómodo que me sentía.

Recordad: sólo habían pasado unos minutos desde que yo estaba… esto…practicando. Me sentía aturdido, la cabeza me iba a mil por hora, y había un desconocido en mi casa.

Reflexioné sobre la escuela primaria, todos los profesores que tuve y los campamentos musicales de verano a los que fui cuando tocaba el chelo. ¿Qué hay de todos los libros de música, o incluso de los de metafísica, que leí a lo largo de los años? Eran muy interesantes, pero ninguno me preparó para esto.

Ni mi madre ni mi padre tocaban ningún instrumento musical; pero eran muy musicales, más que muchos músicos que conozco. Cantaban en la iglesia, y en casa siempre había un disco sonando en el estéreo. También despertaron mi interés llevándome a conciertos cuando era joven y apoyaron mi interés por la música ofreciéndose a pagarme clases si quería. No me enseñaron a tocar, pero sí apoyaron incondicionalmente mi decisión. Escuchar música en la casa fue una parte tan importante de mi infancia que se convirtió en un segundo lenguaje para mí.

—Lenguaje, eso está bien. —Michael habló inesperadamente, como si me hubiese leído el pensamiento.

—¿Qué? —contesté incrédulo.

—Lenguaje, esa es buena.

—¡Un momento! ¿Puedes leer...?

—¿Música? —me interrumpió con una sonrisa taimada—. Claro que sí. ¿Tú no?

—Eso no es lo que iba a decir —murmuré.

Sabía por dónde iba yo, así que recondujo la conversación y preguntó: «¿Es la música un lenguaje?»

—Yo diría que sí.

—Entonces, ¿por qué no la tratas como tal?

—¿Qué quieres decir?

—¿Qué idioma es el que mejor hablas? —preguntó.

—Inglés —respondí.

—¿Eres mejor con el inglés que con la Música?

—¡Mucho mejor! —exclamé, sin saber adónde quería ir a parar.

—¿A qué edad llegaste a ser realmente bueno con el inglés?

—Creo que sobre los cuatro o cinco años ya hablaba bien.

—¿Y a qué edad llegaste a ser realmente bueno con la música?

—Aún sigo en ello —contesté muy serio.

—¿Así que sólo te llevó cuatro o cinco años ser realmente bueno con el inglés, pero llevas con la Música casi cuatro veces más tiempo y aún no eres realmente bueno?

—Bueno, supongo que no —respondí, al entender por fin su razonamiento. No lo había pensado así.

—¿Por qué no? —preguntó Michael.

—No sé por qué. Quizá es que no practiqué lo suficiente. —La pregunta me frustraba.

—¿Cuánto practicabas inglés?

—Constantemente —respondí, pero enseguida lo pensé mejor—. Bueno, en realidad no practicaba inglés; más bien hablaba mucho.

—¡Bingo! —respondió—, por eso hablas ese lenguaje con naturalidad.

—Así que ¿me estás diciendo que debería dejar de practicar música? —pregunté sarcásticamente, tratando de recuperar algo de terreno.

—No digo que debas hacer o dejar de hacer nada. Sólo estoy comparando dos idiomas y tus dos procesos de aprendizaje. Si tanto el inglés como la Música son lenguajes, ¿por qué no aplicar al segundo el proceso que has usado con éxito para aprender el primero?

Me di cuenta de que había perdido por completo mi capacidad para dirigir la conversación, así que me finalmente me relajé y me rendí.

—¿Cómo hago eso? —pregunté.

—¿Cómo haces *tú* eso? —fue su respuesta.

Tuve que pensarlo un minuto, pero di pronto con una respuesta.

—Bueno, cuando era joven estaba rodeado de gente que hablaba inglés. Probablemente lo oía antes de nacer. Así que, dado que he escuchado a la gente hablar inglés cada día de mi vida, fue fácil captarlo porque siempre estaba a mi alrededor. ¿Qué tal?

—Es un comienzo; sigue.

—De acuerdo. Como lo escuchaba a diario, empecé a hablarlo de forma natural. —Cada vez argumentaba más rápidamente—. No fue algo en lo que pensase siquiera. Simplemente lo escuchaba y lo hablaba. Y cuanto más lo hablaba, más mejoraba.

—¡Eso es brillante! ¿Lo ves? Lo entiendes. Me gusta la parte de empezar a hablarlo de forma natural. Debo ser un buen profesor —dijo con una sonrisa.

—¿Humorista? ¡Sí! ¿Profesor? No estoy tan seguro —repliqué, intentando también ser gracioso.

—¿Cómo podemos aplicar este enfoque a la Música? —preguntó Michael.

—No estoy seguro del todo —contesté—. He estado rodeado de música la mayor parte del tiempo. Es difícil ir a cualquier sitio sin escuchar algún tipo de música de fondo. Así que, por ese lado, la situación es la misma que con el inglés; pero sé que falta algo. Tiene que haber algo más que me impide ser tan bueno en la música como en el inglés.

Pensé un momento.

—Ah, ya lo sé. Hablo inglés a diario. Siempre estoy hablando; pero no siempre estoy tocando. No hago música a diario. Si tocase el bajo todos los días, sería igual de bueno. ¿Es eso?

—¿Hablabas inglés a diario cuando eras un bebé? —preguntó.

—Bueno, no exactamente. —Al parecer, había algo más.

—¿Necesitas hablar inglés a diario para mejorar? —preguntó.

—No.

—Entonces, ¿qué falla?

—No lo sé. —Mi frustración iba en aumento—. Dímelo.

—¡Improvisar! —afirmó con un sutil movimiento de cabeza.

—¿Qué?

—Improvisar —repitió—. Ese es elemento que te falta. Cuando eras un bebé, pudiste improvisar con el inglés. Desde el primer día no sólo pudiste, sino que te animaron a hacerlo. Y lo que es mejor, no sólo improvisabas: lo hacías con profesionales. Casi todas las personas con las que te comunicabas cuando eras un bebé eran ya maestros del inglés. Y por ese motivo, tú eres ahora un maestro.

—¿Un maestro? —inquirí.

—Un auténtico maestro —confirmó—. La única razón por la que no se te llama maestro es porque todos los demás son igual de buenos que tú. Todo el mundo es un maestro. Piénsalo. Si fueses tan bueno con la Música como lo eres con el inglés, seguramente serías considerado un maestro. ¿O no?

—¡Dios mío! ¡Tienes razón! —Otro arranque no intencionado. Las palabras se escaparon de mi boca, al parecer sin control alguno. Lo que decía tenía muchísimo sentido. Me sorprendió no haberlo visto antes.

—Gracias por el cumplido, pero sigue escuchando, por favor —continuó diciendo el extraño—. Sólo hay dos elementos que te permitieron llegar a ser un maestro del inglés a una edad tan temprana. Sólo dos: tenerlo alrededor e improvisar con él. ¡Ya está! El inglés llegó a ti rápida y fácilmente; y por lo que me has contado también estabas rodeado de música, así que el hecho de improvisar debe ser lo que marca la diferencia.

»Imagina si permitiéramos a los principiantes improvisar con profesionales de forma regular. ¿Crees que les llevaría veinte años llegar a ser buenos? ¡Por supuesto que no! No les llevaría ni diez. Serían buenísimos para cuando tuviesen cuatro o cinco años musicales.

»En vez de eso, mantenemos a los principiantes en la clase de nivel inicial durante unos años antes de dejarles acceder al nivel intermedio. Después de unos años más en ese nivel, ya pueden pasar a la clase avanzada; pero aún tienen que trabajar en el nivel de esa clase antes de que se les considere músicos de nivel superior. Cuando han estado unos años en ese nivel les dejamos libres, con lo que pueden empezar a currárselo por ahí. Piénsalo. Después de tantos años de aprendizaje, aún tienes que seguir trabajándotelo. Cuando se trata de aprender un lenguaje, ¿qué significa eso? ¿Tuviste que currártelo así mientras aprendías inglés?

Michael decía cosas muy interesantes. Me olvidé de mi necesidad de dominar la situación y me senté en el sofá. La única manera que tengo de explicarlo es que quería concentrarme en lo que decía. Quería que siguiese hablando, todo el día si quería, pero se detuvo como si me estuviese invitando a decir algo.

—Entiendo lo que quieres decir —contesté—, pero no todos nosotros tenemos acceso a músicos profesionales. No puedo llamar a Herbie Hancock o Mike Stern y decir: «Oye, voy a ir por allí. ¿Quieres improvisar?» Y entonces ¿qué? ¿Qué se supone que puedo hacer si no tengo profesionales con los que tocar a diario?

—Podrías haber elegido nacer en una familia de músicos profesionales —contestó sin sonreír, lo que hacía difícil saber si iba en serio o no.

—Ya es demasiado tarde para eso —respondí.

—Supongo. Siempre hay una próxima vez. Sin embargo, hay profesionales a los que puedes traerte aquí.

—¿Ahora mismo? ¿Cómo se supone que voy a hacerlo? —No seguía su lógica.

—¿Con quién te gustaría improvisar? —preguntó.

—Bueno, siempre he querido tocar con Miles Davis —contesté sonriendo. Lo decía medio en broma.

Dejó el monopatín en el suelo, se deslizó hasta mi librería y sacó un CD de Miles Davis como si lo hubiese puesto allí él mismo. En ese momento no caí. Puso el CD en el lector, presionó el *play* e inclinó la cabeza hacia mí.

—¿Qué quieres que haga? —pregunté.

—Toca —contestó.

—¿Qué se supone que tengo que tocar?

—¿Qué te está pidiendo Miles?

—¿Qué quieres decir con «¿Qué me está pidiendo Miles?»

— Creía que habías dicho que la música es un lenguaje. ¿Vas a decirme que no entiendes lo que Miles te está pidiendo que toques?

—Eeh… no lo sé —suspiré. La pregunta me avergonzó un poco.

Apagó el lector de CDs y cogió mi guitarra acústica, que estaba apoyada en la esquina haciendo de perchero. Era un modelo viejo y aporreado de una casa de empeños que no se había tocado, ni siquiera afinado, desde no se sabía cuánto tiempo. No tenía ni marca. Yo la llamaba guitarra «Japonera», porque se hizo en Japón. Años después, le instalé una pastilla dentro; pero rara vez la enchufaba. Esa guitarra no se podía tocar, o eso creía yo.

Se sentó, puso su pie sobre el monopatín y, sin la más mínima duda, comenzó a producir los sonidos más asombrosos que se pueda imaginar. La música que salía de los dedos de Michael era pasmosa. Era…bueno… ¡Era Miles Davis!

—Toca —ordenó.

—¿En qué tonalidad estás? —pregunté, mientras cogía el bajo.

Ignorando mi pregunta, me miró fijamente y repitió con voz severa, «¡Toca!»

Reconocí el tema de inmediato. Era «So what» del disco *Kind of Blue*, pero no tenía ni idea de en qué tono estaba tocando. Estuve un rato toqueteando para buscarlo hasta que al final lo encontré; y en cuanto lo hice, Michael dejó de tocar.

—¿De dónde eres? —preguntó de repente.

—De Virginia —contesté.

Inmediatamente, empezó a tocar de nuevo como si le diera igual mi respuesta, pero esta vez en un tono diferente.

—¡Toca! —ordenó de nuevo.

—¿En qué tonalidad? —repetí.

Dejó de tocar, y esta vez me preguntó por mi talla de zapato.

—Un 44 —contesté, muy confundido.

—¡Toca! —ordenó con voz más fuerte, mientras seguía rasgueando la guitarra.

Sabía que no debía preguntar por la tonalidad, así que de nuevo toqueteé hasta que la encontré. Y de nuevo, en cuanto lo hice, se detuvo.

—¿Qué clase de bajo es ese? —preguntó por alguna razón desconocida.

—Un Univox con forma de violín. Es una copia de un...

Sin dejarme completar la frase, habló con firmeza.

—¿Cómo es que cuando te hago una pregunta directa tu respuesta es firme y directa? Pero cuando te pregunto esto... —empezó a tocar de nuevo en un tono diferente—, no pareces saber la respuesta. ¿Conoces este tema?

—Sí, pero...

—Bueno, entonces ¿qué te detiene? ¡Toca! —casi gritó.

—¡Pero necesito saber la tonalidad primero! —Traté de esconder mi frustración, pero se dio cuenta y no pareció importarle.

—Oh, ya veo. No puedes tocar hasta que encuentras la tonalidad. Muy elemental. —Se puso de pie y se acercó a donde yo estaba—. ¿Para qué necesitas que te dé pistas? Yo no he necesitado ninguna para dar con tu casa[4]. ¿Crees que el público tiene tiempo para esperar a que encuentres la tonalidad?

—Bueno, habitualmente la sé antes de empezar a tocar —respondí sin mucha convicción.

—¿Sabes siempre lo que vas a decir antes de empezar a hablar?

—No.

—Y ¿te impide eso hablar?

—Normalmente, no.

—De acuerdo, entonces ¡toca!

---

4   En el original se juega con el doble significado de «key» («tonalidad musical» y «llave»): «What do you need a key for? I didn't even need a key to get into your house». (N. del T.).

Se sentó y, de nuevo, empezó a tocar en otro tono distinto. Por primera vez parecía un poco irritado, y eso no me ayudaba. Respiré hondo y me lancé a tocar con él como mejor pude.

Estuve intentando encontrar la tónica para tratar de tocar algo que tuviese sentido, pero me frustré enseguida y solté el bajo.

—Eso ha sido horrible —musité.

—Podrías usar ayuda, pero ya llegaremos ahí —replicó amablemente. Ahora estaba sonriendo, como si de repente estuviese satisfecho conmigo—. ¿En qué piensas cuando tocas?

—Estaba intentando encontrar la tonalidad correcta.

—Y ¿necesitas encontrar la tonalidad correcta para poder hacer Música?

—Eso ayuda.

—¿Por qué?

—Necesito encontrar la tonalidad correcta para poder tocar las notas correctas.

—Ya veo. ¿Las notas son tan importantes que toda la Música se detiene hasta que encuentras las correctas?

-Yo no he dicho eso.

—Sí, lo has hecho. Lo has dicho claramente con el bajo.

—Bueno, dime entonces: ¿cuándo debería encontrar las notas correctas?

—No deberías.

—¿No debería?

—No. En cualquier caso, no al principio. Hay algo más importante que deberías encontrar primero.

—Y ¿qué es?

—¡El *groove*!

—¿El *groove*? Un momento. ¿Así que lo primero que debería encontrar cuando empiece a tocar es el *groove*? —Eso era nuevo para mí.

—¡No! Deberías encontrar el *groove* antes de empezar a tocar. No importa si conoces o no el tema. Si lo necesitas, deja pasar un par de compases mientras averiguas lo que te dice el *groove*. Una vez que lo encuentres, no importa qué nota suene; el oyente la «sentirá» como correcta. De todas formas, la gente suele sentir la Música antes de escucharla. Si encontrar la tonalidad es tan importante para ti, intenta al menos sentir el *groove* mientras la buscas.

Quería decir algo, pero no daba con la forma de demostrar que se equivocaba. Sólo le miré fijamente mientras meneaba nerviosamente el bajo.

—Olvídate del instrumento —dijo, y me volvió a mirar fijamente—. Olvídate de la tonalidad. Olvídate de la técnica. Escucha y siente el groove. Y a continuación, fúndete con la Música.

Aún sostenía la guitarra, y se puso a tocar de nuevo. Se echó hacia delante e inclinó la cabeza. Me di cuenta de que no iba a ganarle jugando a quién mantenía la mirada más tiempo, así que cerré los ojos y esperé, mientras intentaba decidir qué hacer. Opté por ceder y hacer lo que me había sugerido: escuchar. Escuché el *groove*.

Entonces ocurrió algo extraño. Escuchar el *groove* me permitió adentrarme más en la música. De repente, junto a la parte de guitarra de Michael, podía oír la batería y el piano. También podía oír la trompeta de Miles. Incluso podía oírme yo tocando el bajo, aunque no lo hubiera cogido aún.

Como si estuviera escuchando lo mismo que yo, me dijo, esta vez con más suavidad: «toca».

Sin abrir los ojos, cogí el bajo y empecé a tocar. No sé si mi primera nota fue buena o no, pero sí sé que sonó bien. Realmente bien. Estaba sorprendido. No quería perder el *feeling*, así que seguí tocando. Me metí por completo en la música. La idea de que había un desconocido de ojos azules en mi casa dejó de preocuparme. ¡Estaba improvisando con Miles Davis!

Abrí los ojos y vi que Michael había dejado de tocar y había soltado ya la guitarra. Me estaba aplaudiendo, y gritaba: «¡Bravo! ¡Bravo!».

Estaba orgulloso de mí mismo.

—¿Cómo he hecho eso? —pregunté.

—¿Cómo *has* hecho eso? —repitió Michael, lo que me obligó a responder mi propia pregunta de nuevo.

—Creo que no lo sé, pero me ha sonado bien. Sólo he seguido el *groove*, supongo. No he pensado en las notas para nada, pero todo lo que he tocado parecía funcionar.

—Correcto. Todo ha funcionado porque has sentido el *groove* antes de empezar a tocar —añadió.

«Sentir el *groove* antes de tocar». Decidí grabar ese nuevo concepto en mi memoria.

—Tengo un dicho —dijo Michael—, y creo que deberías aprenderlo. Dice así: «Nunca pierdas el *groove* para encontrar una nota».

—Me gusta, y creo que lo entiendo. ¿Dices que el *groove* es más importante que tocar las notas correctas?

—No saques conclusiones precipitadas. Todos los elementos de la Música son, o no, igual de importantes.

—¿Los «Elementos de la música?» ¿De qué estás hablando? ¿Qué es eso?

—Los elementos de la Música son las partes individuales que constituyen la Música como un todo. Muchos músicos como tú tienen dificultades porque no están lo bastante familiarizados con todos los elementos. Tú te apoyas sobre todo en uno o dos de ellos cuando tocas. Eso es una garantía de frustración. Un músico como yo, que usa apropiadamente todos los elementos, será uno de los grandes incluso si no es consciente de estar usándolos. De hecho, sería casi imposible llegar a ser un gran músico sin incorporarlos todos.

Lo que decía era interesante aun cuando no acababa de entender el concepto. «Elemento» no era un término que yo asociase habitualmente con la música.

—¿Puedes contarme más cosas acerca de esos elementos y cómo usarlos? —Quería saber más sobre aquello.

Sonrió astutamente, esbozó una sonrisa cómplice, se inclinó hacia delante y susurró:

—¿Para qué crees que estoy aquí?

COMPÁS DOS

NOTAS

—Vamos a suponer que la Música está formada por diez partes iguales —comenzó Michael—. Si nos tomáramos unos minutos para dividir la Música en partes, encontraríamos cientos de maneras distintas de hacerlo; pero, como hipótesis de trabajo, pongamos simplemente que contiene sólo diez elementos diferentes que son, o no, todos iguales.

—Michael, ¿por qué sigues diciendo «o no»? —pregunté.

—Porque la elección es siempre tuya —contestó.

—De acuerdo; entonces, Michael, hagámoslo... ¡o no! —repliqué sonriendo yo también.

Sus ojos se abrieron de par en par y me levantó el pulgar antes de continuar con la lección.

—Aunque no supieras la tonalidad, lo que acabas de tocar ha sonado bien porque la mayoría de elementos estaban equilibrados. Si lo haces de forma consecuente, no importa si cometes un error.

El oyente no le dará importancia porque «sentirá» que la Música está bien. —Levantó una ceja—. ¿Lo entiendes?

—Sí, eso creo. Pero ¿puedes decirme cuál es cada uno?

—Prefiero que lo hagas tú. Yo te diré el primero para que arranques, pero tú debes dar con el resto. Ya estás familiarizado con él porque le prestas casi toda tu atención cuando tocas. A este elemento inicial le llamaremos *notas*.

—Sí, ahora me doy cuenta de que las notas son lo primero en lo que pienso. ¿Y los demás?

—¿Los demás? —continuó Michael—. Si las notas son sólo uno de los diez elementos, ¿cuáles serían los otros nueve?

—¿Melodía y armonía? —pregunté.

—¿No estarían incluidos en la primera categoría? Todo lo que tenga que ver con las notas lo pondremos ahí. Eso incluye armonía, melodía, rearmonización, escalas, modos, acordes, signos de claves, relativos mayores y menores, y otras cosas similares. ¿Qué más se te ocurre aparte de las notas?

—¿*Articulación*?

—Ese es bueno, el número dos. ¿Qué más?

—*Técnica*.

—Bien, sigue.

—¿Y el *sentimiento*?

—Ese me gusta, porque se puede contemplar desde diferentes perspectivas. La mayoría de la gente relaciona el sentimiento con el groove, pero esa es la forma más obvia de verlo. Puedo enseñarte otras formas de enfocarlo. Si lo ves desde el ángulo de la emoción, en el sentido de cómo te sientes cuando tocas o cómo se siente el oyente y cómo puedes influir en él, la cosa se pone más interesante.

—Suena genial —dije—. Me encantaría aprender más sobre eso.

—Lo que aprendas depende de ti. Te lo mostraré si quieres.

—Me parece estupendo.

—¡Bien! Sentimiento (o *feeling*[5]), número cuatro. ¿Qué más?

---

5 Hemos incluido tanto «sentimiento» como «feeling», dado que este
   último es también un término muy extendido en castellano. (N. del T.).

Hice una pausa, mientras intentaba pensar en más elementos para añadir a la lista. Michael dejó que me tomara mi tiempo. Justo antes de que me frustrase del todo, habló.

—¿Puedes oírme? —susurró.

—¿Qué?

—¿PUEDES OÍRME? —gritó.

—¡Sí, puedo! Ah, lo pillo: *dinámica*. Ese es el siguiente elemento, ¿verdad?

—Me sirve; nos quedan cinco.

—¿Y el *ritmo*?

—El ritmo es perfecto. Es un elemento esquivo. Y nos ayuda a entender que los elementos se interrelacionan.

—¿Cómo es eso? —pregunté.

—El ritmo puede verse como armonía ralentizada.

—¿Qué quieres decir? —Ese comentario me perdió totalmente.

—Decir «*La - 440*» implica cuatrocientas cuarenta vibraciones por segundo, ¿no?

—Sí, eso lo entiendo.

—Si sigues dividiendo ese número por la mitad, 440, 220, 110, 55, etc., obtendrás vibraciones por minuto. Llegados a ese punto, lo llamamos ritmo. ¿Lo ves?

—Lo veo. Tío, es genial. Nunca nadie me había hablado de eso antes. Y lo mejor es que creo que lo entiendo.

—El hecho de pensar ya es bastante de momento —dijo—. Si queremos, podemos combinar ritmo y *tempo*. Son elementos diferentes, pero para facilitarnos la tarea los pondremos juntos. ¿Te parece?

—Me parece.

—Muy bien, ese es el número seis. ¿Qué más?

Me senté un minuto entero e intenté pensar en algo más que añadir. Aún estaba intentando digerir lo que ya me había dicho, y se me hacía cada vez más difícil pensar en nuevos elementos. Sabía que estaban ahí, pero dar con ellos era difícil. *No debería ser tan complicado*, pensé. Esa lucha me hizo darme cuenta de que cuando tocaba no pensaba demasiado.

—¿Puedes oírme ahora? —preguntó Michael con voz metálica y aguda.

—Sí —respondí, sin saber adónde quería ir a parar.

—¿Qué tal ahora? —Esta vez usó una voz grave y baja.

Sabía que no se refería a la altura porque eso entraría dentro de la categoría de las notas. Entonces caí.

—¡Tono! —grité.

Michael se rió. «Eres lento, pero acabas cayendo. Tono, número siete. ¿Siguiente?»

—¿Y el *fraseo*? —pregunté casi de inmediato.

—El fraseo es un buen elemento —contestó—. La mayoría de la gente sólo piensa en el fraseo como algo relativo a las notas, pero cualquiera de los elementos puede frasearse. Volveremos a esto luego.

Tenía razón. Nunca había pensado antes en frasear nada que no fuesen notas. Pero ¿cómo puedes frasear el tono o la dinámica? El concepto me intrigaba. Michael interrumpió mis pensamientos.

—Nos quedan dos.

Me senté y pensé durante otros dos minutos hasta que él rompió el silencio.

—La frontera final.

—¿Qué?

—*Star Trek*, William Shatner. *La frontera final.*

—Ah, *espacio*[6]. Al final lo he cogido.

—Correcto. El espacio, los silencios, no tocar: ¡muy importante! Es el que menos se usa, pero sigue siendo un elemento fundamental. Piénsalo: si no hubiese silencios, toda la música que se ha tocado alguna vez seguiría sonando.

La idea de que no existiesen silencios era inquietante. En ese preciso instante estaba apreciando realmente la existencia de ese elemento.

—Queda uno —afirmó Michael.

De nuevo, me senté en silencio, pensando, hasta que Michael me echó una mano.

—¿Qué estás haciendo mientras que yo hablo?

—¿Qué? ¡Ah! La *escucha*! ¡Lo pillo! El elemento final —contesté.

---

6 «Espacio» no es un término que se use mucho en el contexto musical, a excepción de los espacios interlineales del pentagrama, pero el autor lo usa de una forma muy sugerente, y en varios sentidos, a lo largo del libro (N. del T.).

—Muy bien. Ahora, tenemos diez partes de la Música diferentes pero iguales: *notas, articulación, técnica, sentimiento, dinámica, ritmo, tono, fraseo, silencio* y *escucha*. Podríamos haber hecho una lista de mil elementos, pero de momento nos atendremos a estos diez. ¿Te parece?

—Me parece.

—Bien. Piensa en estos diez elementos y contéstame a esto: cuando la mayoría de los profesores enseñan teoría musical, ¿de cuántos elementos hablan habitualmente?

Lo pensé unos segundos. «Bueno, de las notas, supongo».

—Bien, ¿de qué más?

Lo intenté, pero no se me ocurría nada más.

—De las notas —repetí.

—Correcto —rió—. Notas, alturas, ¡y eso es todo! ¡Tanto jaleo con el aprendizaje de la teoría musical, y resulta que lo que casi todos los profesores te enseñan a usar es sólo una décima parte de los elementos de nuestra lista! ¡Su teoría musical sólo te enseña a usar las notas, y es sólo una teoría! ¡Ya está! ¡Nada más! ¡No te enseña nada sobre dinámica, sentimiento, tono, o cualquier otra cosa de la lista, sólo notas! ¡Debería llamarse teoría de las notas, no teoría musical, porque no te enseña música!

» No puedes hacer Música sólo con notas, ¡pero puedes hacer Música sin usar notas en absoluto! ¡Puedo programar un ordenador para tocar notas, y no sonará como Música! ¡Necesitas esos otros elementos para hacerla sonar completa! ¡Sin ellos, las notas no tienen vida! ¡La teoría musical es superficial! ¡Incompleta! ¡No merece toda la atención que se le presta! Pero al mismo tiempo, las notas *son* importantes.

¡Uf! Era la primera vez que le oía hablar con tanto ímpetu. Sonaba como si quisiera demostrar algo. No tenía claro qué decir; ni siquiera sabía si lo que decía era cierto. Michael miraba al suelo en silencio, así que decidí hablar yo.

—Creo que entiendo tu punto de vista sobre las notas, así que ¿me ayudarás a entender mejor todos los demás elementos? —pregunté.

—Sí, los examinaremos individualmente. Ya hemos empezado, pero no abandonemos aún el tema de las «notas». Vamos a analizarlo con más profundidad. ¿Estás preparado?

—Preparado.

—Vamos allá.

No sabía en qué me estaba metiendo. Por alguna razón, estaba dejando que este hombre me «mostrara» la música; y aunque tenía algunas ideas interesantes, no sabía si entendía realmente del tema. ¿Había estudiado en algún sitio, o se lo iba inventando sobre la marcha? Me senté un ratito a darle vueltas a aquello, pero una explosión hizo saltar mis pensamientos por los aires.

—¡Las notas están sobrevaloradas! —gritó Michael, a la vez que golpeaba su mano abierta con el puño.

—¿Sobrevaloradas? —pregunté—. Me da la sensación de que tienes algo más que decir sobre el tema.

Mucho más, como luego resultó.

—La mayoría de los músicos creen que la Música está hecha de notas. Olvidan que las notas son sólo una parte, y además pequeña, de la Música. Si dejases de tocarlas, la música seguiría existiendo. ¡Piensa en ello! La razón por la que muchos músicos se frustran cuando empiezan a tocar, especialmente cuando van a hacer un solo, es que confían sobre todo en las notas para expresarse. Sólo hay doce notas. Imagina tratar de hablar todo un idioma usando sólo doce palabras.

»Mira: para los músicos, especialmente para los bajistas, el groove debería ser más importante; pero no se encuentra en las notas. Se encuentra en los otros nueve elementos. Los demás elementos, combinados, definen la esencia del *groove*. Por eso, cuando los músicos intentan tocar sólo con doce notas, se quedan rápidamente sin cosas que decir.

Entendía lo que decía, y por supuesto que yo pecaba de eso. La mayor parte de mi estudio musical lo había dedicado a las notas, y por eso habitualmente me costaba tocar bien. Todo lo que sabía del *groove* lo había aprendido por mi cuenta. Ningún profesor ni ningún libro me explicaron jamás lo que era. Cuando lo pensé, me di cuenta de que Michael me estaba enseñando que el *groove*, la mayoría de veces, no recibe la misma atención.

He visto muchos libros que enseñan las notas, pero aún no me he encontrado ninguno sobre articulación, silencio o tono. Me di cuenta de que la mayor parte de los elementos de nuestra lista rara vez se enseñan. La mayoría de los músicos tenían que aprenderlos por sí mismos. Esto empezaba a ponerse interesante. Estaba empezando a vislumbrar la inmensidad de la música, y eso me hacía preguntarme por qué la mayoría de profesores prefería limitarla a doce notas. Esperaba que Michael pudiese arrojar más luz sobre el tema.

—Muchos músicos —dijo— tienen miedo de esas doce notas. Si tocan la «incorrecta», se asustan y abandonan esa nota en busca de la «correcta». Eso es lo que tú estabas haciendo cuando intentabas encontrar la tonalidad. Si te haces amigo de la nota en la que caigas, sea la que sea, te dará indicaciones para ir a donde quieras ir.

«La mayoría de los bajistas inexpertos tienen que encontrar la tónica para poder seguir tocando. Esa es una forma bastante elemental de pensar. Cuando antes te pedí que tocaras, no te estabas escuchando. Sólo buscabas la tónica; y como no la encontraste en tu primer intento, buscaste a ciegas hasta que diste con ella.

—Ahora escucha —ilustró mientras se acercaba a mi viejo teclado—. ¿Cuántas notas hay en la música occidental?

—Doce —respondí.

—¿Cuántas notas hay en la mayoría de tonalidades que usamos?

—Siete.

—Correcto. En cualquier tonalidad hay siete notas «correctas», lo que sólo nos deja cinco notas «incorrectas». Lo que esto significa es que, incluso si no sabemos en qué tonalidad estamos e intentamos adivinar qué nota tocar, estaremos acertando más de la mitad de las veces.

»Mira —continuó, señalando el teclado—. En la tonalidad de do mayor, la «teoría» establece que se pueden tocar sólo las teclas blancas. Pero ¿qué pasaría si accidentalmente aterrizaras en una tecla negra? Nada, porque si miras a cada lado de esta nota incorrecta, ¿qué ves?

—Una nota «correcta» —respondí, orgulloso.

—¡Totalmente! Nunca estás a más de medio tono de una nota «correcta». ¡Nunca! Así que ¿de qué tienes miedo? No puedes perderte. Si aterrizas en una nota «incorrecta», te bajas en cualquier dirección y estás de nuevo «bien». «Una vez me perdí, pero me encontré». Incluso si cierro los ojos y tiro un dardo al teclado, le daré a una nota correcta más de la mitad de las veces. «Era ciego, pero ahora puedo ver».

El concepto que él tenía de las notas me hizo verlas desde una perspectiva totalmente nueva. Si nunca estaba a más de un semitono de una nota «correcta», como Michael había dicho, mi vida sería mucho más fácil. Eso era un alivio. Michael me leía el pensamiento (quizás literalmente).

—Es liberador, ¿no? —remarcó—. Esto es lo más bonito: si usas los oídos y escuchas esa nota involuntaria, quizá descubras que suena mejor que la nota «correcta» que querías tocar.

Cogió otra vez la guitarra y empezó a tocar un sencillo *groove*. Me miró, y se puso a hablar mientras tocaba.

—No temas a las notas: entra directamente. Todo lo que quiero que hagas es escuchar si la nota está o no en el tono. Sólo piensa «dentro» o «fuera». Si la nota está «dentro», escúchala y date cuenta de dónde estás con respecto a la tónica. Si la nota está «fuera», desliza tu dedo un traste en cualquier dirección y *voilà*, ya estás dentro de nuevo.

Cogí el bajo y, sin pensar, toqué la primera nota en la que mi dedo aterrizó. Sonó horriblemente mal, así que moví rápidamente mi dedo un traste abajo. Michael tenía razón: ahora estaba en una nota correcta, y sonaba bien. Quería poner a prueba su teoría, así que toqué la misma nota incorrecta de nuevo, pero esta vez moví el dedo un traste arriba. Como antes, estaba en una nota «correcta». Eso me hizo sonreír.

También me di cuenta de otra cosa. Aún no estaba seguro de que aquello estuviera sucediendo realmente, así que repetí el proceso unas cuantas veces más. Encontré entonces una nota «incorrecta» diferente en la que empezar y repetí todo el proceso. Lo que observé me sorprendió. Empecé a contarle lo que había descubierto. Al ver la expresión de mi cara, él habló primero.

—Vamos; cuéntame.

Era difícil de explicar, pero lo intenté: «He observado que, cuando iba de las notas "incorrectas" a las "correctas" una y otra vez, hacía que las notas "incorrectas" empezaran a sonar "bien". Cuanto más lo hacía, más "correctas" empezaban a sonar las notas "incorrectas", hasta que no volvieron a sonar "incorrectas" en absoluto».

—¿Por qué? —me preguntó—. ¿Por qué esas notas ya no sonaban mal?

—Quizá porque las notas «equivocadas» te llevan hacia algún sitio. Repetir la nota «incorrecta» permite al oyente saber dónde va, así que empieza a sonarle «bien».

Me confundía a mí mismo. Me sorprendió que Michael entendiese lo que acababa de decir.

—Muy bien —ahora sonreía—. A eso le llamo «masajear las notas». Es una manera estupenda de corregir errores después de cometerlos. Me gusta pensar en ello como una forma de cambiar el pasado.

—Me gusta eso —dije.

—Tengo un millón de ideas como esa —respondió con una voz cómica—. También puedes tocar tanto las notas «correctas» que empiezan a sonar «incorrectas». Abusar de una nota puede sonar tan mal como tocar una nota «incorrecta». En esencia, cada nota tiene algo que decir. Todas llevan a algún sitio si las escuchas. La clave está en la forma en que las uses. Como te dije antes, las notas te dirán dónde quieren ir. Sólo tienes que escuchar.

—Sé que yo no escucho así —comenté.

—Me he dado cuenta —contestó—. Muchos músicos estudian tanta teoría musical que sólo recuerdan cómo decirles a las notas hacia dónde ir. Han aprendido a olvidar que las notas están vivas. Yo te invito a que las escuches. Quizá tengan algo que decirte.

Nunca había pensado en escuchar las notas así, para descubrir lo que tenían que decirme. Siempre había intentado decirles yo a las notas dónde ir, y la mayoría de las veces parecían resistirse.

—Pásame el bajo —dijo.

Michael cogió mi bajo y me pasó la guitarra. Me pidió que tocase los mismos acordes que él había estado tocando. Antes de que tuviese que pedírselo, me ahorró el esfuerzo y me dijo cuáles eran: Sol menor y Do 7. La guitarra no sonaba igual en mis manos que en las suyas, pero lo hice lo mejor que pude. Me preguntó si podía tocar y escuchar al mismo tiempo. Le dije que sí.

Michael empezó desde la nota más aguda de mi bajo y descendió traste por traste, tocando todas las notas del instrumento. A continuación, hizo lo mismo, pero al revés, empezando en la nota más baja y terminando en la más alta. Era simple, pero sonaba asombroso sobre los acordes que yo estaba tocando.

Nunca había oído aquello antes. Tampoco había oído a mi bajo sonar tan bien. Mi viejo Univox, que siempre me había parecido un cacharro, resucitó de repente; y todo lo que había hecho era tocar una escala cromática. Sabía que muchas de las notas que tocaba no estaban en el tono y no deberían sonar tan bien; pero, no sé cómo, él hacía que funcionara. Estaba atónito ante lo que estaba escuchando.

—¿Cuál de las notas ha sonado mal? —preguntó con una amplia sonrisa.

—Ninguna —respondí, aún en shock.

—¿Por qué?

—Porque las estabas tocando *tú*, no yo.

—La primera cosa verdadera que has dicho en todo el día. ¡Te gradúas! La clase ha terminado.

—En realidad, no. No sé por qué todas las notas sonaban bien. Supongo que era *cómo* las has tocado lo que las ha hecho funcionar.

—Correcto de nuevo. Ahora bien, ¿cómo las he tocado?

—No lo sé. Supongo que tú…

Al principio no encontraba una respuesta apropiada, y entonces caí. Tenía la respuesta y lo sabía. Era tan simple que me sorprendió no haberlo pensado antes. Ni siquiera me sentí orgulloso de haberlo adivinado porque debí haber caído al instante.

—No sólo te has apoyado en las notas. Has usado más elementos de la música. —Sabía que estaba en lo cierto, así que respondí a mi vez con una amplia sonrisa.

—Progresamos —le oí susurrar, casi para sí mismo—. Estamos progresando.

Durante las horas siguientes, tocamos juntos, intercambiando a menudo bajo y guitarra. Lo que me había mostrado era sorprendentemente sencillo. De vez en cuando usaba el teclado para ejemplificar algo sobre las notas. Su habilidad con el instrumento era tan pasmosa como la que tenía con la guitarra y el bajo. Lo único más sorprendente era en hecho de que, hasta ese día, no supe que el teclado aún funcionaba. De hecho, hasta entonces tampoco estaba seguro de que mi cerebro funcionase, pero estaba empezando a pillarlo. Ya empezaba a entender lo que aquel chalado me estaba enseñando.

Masajeamos notas, escuchamos notas, dirigimos notas, y tocamos notas hasta que me sentí familiar y cómodo con todas ellas. Me hizo dedicar tiempo a la escala cromática, nota por nota, y a «escuchar» lo que cada nota tenía que decir sobre la tonalidad en la que estábamos. Entonces cambiaba la tonalidad y me hacía repetir todo el proceso. Cada nota decía algo diferente cuando cambiaba el acorde. Ese ejercicio fue una revelación para mí.

Otro ejercicio consistía en tocar notas aleatoriamente, sin pensar antes en lo que iba a tocar. «Tú toca cualquier nota», me dijo. «Muévete por todo el bajo como si te diera igual». Me sorprendió lo difícil que era. Me costó no tocar fórmulas ya aprendidas. Mis dedos aterrizaban sobre los trastes, no entre ellos.

—Los errores —me dijo— sólo son cosas que no queríamos tocar. Eso no quiere decir que estén «mal». Mucha de la mejor Música que he tocado en mi vida comenzó como un error. Los errores suelen perturbarnos porque la nota surge antes de que la pensemos. No podemos evitar cometer errores, pero *podemos* sentirnos cómodos con ellos, especialmente si los practicamos.

La idea de practicar errores era otro pensamiento extraño pero interesante. No tenía idea de cómo se suponía que debía practicar aquello. Michael respondió a mi pensamiento.

—Este ejercicio «aleatorio» simula cometer errores de forma que ya no nos afecten negativamente. Si aprendemos a tocar notas aleatorias de forma limpia, tocar cualquier nota o patrón preconcebido será pan comido.

Estaba aprendiendo cosas que nunca había aprendido antes, y era emocionante. Mi mente estaba abierta y receptiva a todo lo que decía. Bueno, casi todo. Era justo lo que me hacía falta.

—Toca como un niño haciendo Air Guitar —aconsejó Michael—. Cuando un niño hace Air Guitar nunca toca notas «incorrectas».

Por primera vez en mucho tiempo, toqué como un niño.

Me encantó.

ARTICULACIÓN/ DURACIÓN

*Cada vez que te mueves, y cada vez que tocas
una nota, una parte de ti queda atrás.*

Tocamos durante horas, y lo pasamos muy bien. No recuerdo la última vez que lo había hecho sin esperar que me pagasen. Estaba ansioso por aprender más, así que pedí a Michael que me enseñase algo sobre los demás elementos de la música.

—Pronto —respondió—; primero, tengo que enseñarte algo más sobre las notas. Antes de dejarlo por hoy, vamos a verlas desde diferentes perspectivas. Nuestra forma de ver las notas es una buena referencia de nuestra forma de ver la Vida.

—¿Nuestra forma de ver la vida? ¿Qué quieres decir?

Tocó un Do y un Do sostenido en la guitarra al mismo tiempo.

—¿Cómo suena eso? —preguntó.

—¡Fatal! Suena como el choque de dos notas —respondí con una mueca.

—Una respuesta muy vulgar —dijo prosaicamente—. Pero si subo el Do una octava y toco las dos notas otra vez, ¿cómo suena ahora?

—Ahora suena muy bien —respondí—. El Do se convierte en la séptima mayor, que es un factor clave para hacer que un acorde suene bien. Eso es guay.

—Correcto. La teoría nos dice que dos notas que suenan juntas, a un semitono de distancia, deberían chocar y sonar disonantes; pero si movemos la inferior a la octava superior, esas dos notas suenan bien. ¿Por qué es así? Son las mismas, así que ¿cómo pueden chocar en un caso y sonar bien en el siguiente? Hay una lección de Vida escondida ahí.

Interesante, pensé. «¿Así que dices que las situaciones con las que chocamos en la vida puede que no estén "mal" en absoluto, sino en la octava incorrecta?»

—Eres tú quien lo ha dicho, pero coincido. Desarrolla esa idea.

—De acuerdo; nunca había pensado en ello antes, pero lo intentaré. ¿Qué tal esto? Si podemos aprender a cambiar nuestra perspectiva y ver cosas negativas en una «octava» diferente, veremos la belleza en todas las cosas y situaciones.

—¡Bravo! Me vale. Muy *bien articulado*, simple y al grano. Todas las situaciones y personas contienen belleza, pero verla es cosa nuestra. Cuando no la vemos, nuestra respuesta inmediata es buscar culpables, y después cambiar lo externo antes que cambiar nuestra perspectiva de esa octava. Sólo cuando cambiamos de octava podemos ver las cosas como realmente son. Entonces, y sólo entonces, podemos hacer un cambio positivo cuando y donde se necesita.

De nuevo, estaba aprendiendo cosas nuevas sobre la música y sobre la vida. Estaba fascinado por la forma en que comparaba ambas. No sabía en qué me estaba metiendo cuando acepté involucrarme en esto, pero si realmente iba en serio cuando me dijo que «no podría enseñarme nada», seguro que me había tomado el pelo. Aunque acababa de conocerle, ya era el mejor profesor que había tenido nunca, y estaba sacando a la superficie partes de mí que ni sabía que existían.

—Esta es otra forma de ver esas dos notas —continuó—. Digamos que no cambiamos la octava del Do o el Do sostenido. Vamos a rodear esas dos notas con otras y veamos lo que pasa.

—Si tocas un Si bemol, un Do, un Re bemol, que es lo mismo que un Do sostenido, un Fa, y un La bemol, tienes un acorde de Si bemol menor con novena. Ahora, el Do y el Do sostenido suenan bien incluso aunque estén juntos y en el mismo registro. La gente podría aprender una lección de Vida con la Música si quisiera. —Empezó a cantar: «Ahora veo claramente que la lluvia se ha ido».

—Johnny Nash —respondí al reconocer la letra—. Es una canción preciosa.

Asintió con la cabeza en señal de acuerdo. «También —continuó—, en la tonalidad de Si bemol menor, la teoría nos dice que no se nos permite tocar un Do sostenido; pero cuando lo toco, me suena bien. Se supone que debemos llamarlo Re bemol. Incluso aunque sean la misma nota, podemos tocar una pero no la otra. Todo tiene que ver con el nombre, supongo. ¡Reglas!»

—Pueden ser confusas a veces —admití.

Michael me dijo que una vez que se aprendían las reglas a conciencia podían romperse a conciencia. Añadió que lo mismo era cierto para las reglas de la vida. (Yo le vi romper o saltarse las reglas muchas veces. En la mayoría de las ocasiones no me di ni cuenta de qué reglas eran; simplemente sabía que había roto al menos un par de ellas.)

Me dijo también que la belleza del mundo podía verse a través de la música. «Siempre hay que buscar la belleza, y es necesario encontrarla en todas las cosas y en toda la gente si es que realmente se quiere cambiar algo en este mundo», dijo. Parecía creer que lo que vemos en la vida y lo que oímos en la música no son sino elecciones nuestras, y que cuando las cosas empiezan a ponerse serias es cuando realmente necesitamos encontrar belleza. Recuerdo que me dijo: «siempre es más fácil construir algo sobre esa belleza que fingir que no está ahí e intentar crearla desde cero». Es un comentario que nunca olvidaré.

Me han dado muchas lecciones de música en mi vida, pero nunca antes había experimentado algo como lo de Michael. Ninguno de mis profesores me había mostrado jamás la vida a través de la música de una forma que pudiese entender tan claramente.

Incluso aunque no comprendiese a Michael del todo, hacía que las cosas fueran más evidentes de lo que nunca me habían parecido, y no había terminado ni mucho menos. Apenas estaba empezando.

Tocó dos notas más con la guitarra y me preguntó cómo sonaban. De nuevo, parecían chocar; pero esta vez no me atreví a decirlo. Él adivinó lo que yo pensaba por mi expresión. Acto seguido, tocó algo que sonaba como dos notas diferentes. Pude oír una sutil oscilación al vibrar una contra la otra. Esas dos notas sonaban mejor y se lo dije. Él me dijo que eran las mismas notas. No podía creerlo.

—¿Eran las mismas notas? —pregunté.

—¡Por supuesto! —respondió—. Sólo las he articulado de manera distinta la segunda vez. También las he dejado sonar un poco más. Cambiar la duración permite que el oído pueda oír y responder de manera distinta.

—¡Espera un minuto! —dije—. ¿Me estás diciendo que la manera de tocar las notas ha hecho que suenen diferentes? Quiero decir que incluso la altura sonaba distinta.

Michael no respondió. Se volvió a la estantería, cogió otro CD y lo puso en el reproductor. Con el mando en la mano, se sentó y me miró en silencio. No tenía ni idea de qué iba a hacer o de cuál sería su elección esta vez. Mi expectación iba en aumento. Se sentó allí, mirándome con su astuta sonrisa.

Cuando vio que estaba suficientemente incómodo, cogió el mando y presionó el *play*. La música que salió de los altavoces me chocó. No sabía lo que era. Seguro que ese CD no era parte de mi colección. Sentí que Michael estaba intentando torturarme. La música era…bueno, ¡era bluegrass!

—¡*Odio* el bluegrass! —grité.

—¿Tanta charla sobre la belleza, y ahora me sales con eso? —Fue su respuesta.

—Bueno, eso es lo primero que me ha venido a la mente.

—¿De qué hablas? —preguntó Michael, a la vez que presionaba el *pause* en el mando.

—Del bluegrass —dije.

—¡No! ¡No estás hablando del bluegrass! ¡Estás hablando de ti mismo! —Se inclinó hacia delante mientras hablaba. Sus oscuras cejas casi se tocaron cuando entrecerró la mirada.

—Escucha lo que estás diciendo. «Odio la música bluegrass». Dices que no te gusta, pero culpas a este estilo de Música de tu incapacidad para entenderlo.

Aunque tenía razón, me sentí como si me estuviese atacando; y no se quedó ahí. Continuó con la embestida.

—Hacemos lo mismo con la gente. Toda la Música, como todas las personas, contiene belleza y tiene alma. Que tú no lo reconozcas no es culpa de la Música. ¡Hablamos de ti! ¡Eres tú quien no la reconoce! Hay millones de personas que aman esta Música. ¿Vas a decirme que toda esa gente está equivocada?

—No digo que estén equivocados; sólo digo que no me gusta la música bluegrass.

—¿De quién estás hablando?

—De mí.

—¡Bien! Seguimos progresando.

Michael se sentó y cerró los ojos, sonriendo como si acabase de ganar una batalla. Sin mirar, presionó el *play* y asintió hacia mí. Fui a coger el bajo para tocar con la música, pero con los ojos aún cerrados se puso el pelo tras la oreja derecha y susurró: «Escucha. Tú escucha».

No sabía qué quería que escuchara, pero supuse que si hacía lo mismo quizá podría escuchar como él. Así que me incliné hacia atrás y cerré también los ojos.

Después de unos minutos, Michael habló: «"Luna Azul de Kentucky", de Bill Monroe. Es el padre de la música bluegrass. Escucha el bajo en esta pista. ¿Puedes tocar eso?»

—Claro que puedo. La música country es fácil de tocar. *Uno - Cinco - Uno - Cuatro*, no hay problema.

—En primer lugar, esto es bluegrass: no es lo mismo. Está muy relacionado con el country, pero también con el jazz. Son primos hermanos. Quizá no lo veas aún, pero lo harás algún día. Algunos de los mejores improvisadores del planeta son músicos de bluegrass, y puede que no sea tan simple como crees.

Vale, admito que no había escuchado demasiado bluegrass ni country en el pasado, así que quizás tuviese razón. No podía verlo. Pero había algo en lo que creía que no tenía razón. Sabía que este tipo de música era fácil de tocar, dijese lo que dijese.

Sólo me llevó unos minutos darme cuenta de que, una vez más, Michael estaba en lo cierto. Al pedirme que prestase mucha atención a cómo el bajo articulaba cada nota en esa canción en concreto, me descubrió los matices de esa música. Había mucho más en la música del Sr. Monroe de lo que yo había apreciado en un principio. No sabía cómo sentirme al respecto.

—Date cuenta de cómo cada nota comienza y termina —me dijo—. Escucha la manera en que ataca cada nota y fíjate en si las notas son cortas, medias o largas. Reconoce la Vida de cada nota. ¿Puedes oír el principio, mitad y final de cada una? Si hubiese usado otra articulación o cambiado la duración de cada nota, ¿habría cambiado el feeling de la canción? Escucha.

De nuevo, Michael se sentó y cerró los ojos, así que yo hice lo mismo. Intenté prestar atención a la vida de cada nota.

La canción estaba en tres por cuatro. Me di cuenta de que el bajista estaba tocando blancas con puntillo, sólo que no las dejaba sonar durante toda su duración. Las cortaba justo antes de cada primer tiempo. También me di cuenta de que, si las notas hubiesen sido más cortas, la canción habría tenido un ritmo más marcado; y si hubiesen sido algo más largas, la canción se habrías percibido como más lenta.

La relación entre el compás lento de tres por cuatro y el estilo rítmico de cantar de Bill daba a la canción un feeling interesante. Además, el ataque del bajo acústico se percibía de forma diferente a como se hubiese percibido el de un bajo eléctrico. La forma en la que el bajista tocaba cada nota ayudaba a transmitir ese feeling. Aquello me hizo pensar en cómo solía tocar yo las notas. Rara vez las dejaba sonar. Solía atacarlas fuerte y rápido. Pensaba en lo de que cada nota tuviera una vida, como había mencionado Michael. Escuchar a aquel bajista me hizo darme cuenta de que yo raramente les daba a mis notas suficiente espacio. Pero lo más sorprendente fue que, al pararme a escuchar a Bill Monroe tan detenidamente, disfruté su música, aunque fuese un poco.

Abrí los ojos y me di cuenta de que Michael estaba mirándome. Detuvo la música y me hizo una pregunta extraña. «¿Alguna vez has leído *"Horton y el mundo de los Quién?"*».

No veía qué tenía que ver aquello, pero como sabía que Michael tenía su propia forma de enseñar, le contesté: «Por supuesto que sí. Dr. Seuss».

—¿Recuerdas lo que el pobre elefante encontró en una mota de polvo?

—Toda una civilización vivía en ella —contesté.

—¡Exactamente! —dijo, señalándome—. Con las notas pasa lo mismo. Si escuchas muy de cerca, puedes encontrar todo un mundo viviendo dentro de cada una. Las notas están vivas; y, como tú y yo, necesitan respirar. La canción determinará cuánto aire necesitan. No hay reglas inquebrantables; pero, por lo general, cuanto más intenso es el ataque, más corto es el sustain[7]. Y viceversa.

»Esto es lo que quiero que hagas a continuación. Respira con la Música. Escucha la canción una vez más y respira con cada nota mientras el bajista toca. Te ayudará a entender a qué me refiero.

»Después, quiero que toques a la vez que la canción y respires con tus propias notas. Si cambias su longitud, también debes cambiar la longitud de tu respiración. Hazlo y presta atención a cómo os afecta a ti y a la Música. No te acuestes esta noche hasta haberlo hecho al menos dos veces. Continuaremos mañana. Dejaré mi bolsa aquí si te parece bien.

Sin esperar respuesta, Michael se puso el casco, bajó la visera, se volvió y salió por la puerta principal con su monopatín en la mano.

Me quedé un rato mirando hacia la puerta y reflexionando sobre las muchas cosas que aquel hombre extraño había dicho. Había aprendido ya mucho de él. Costaba creer que nos habíamos encontrado por primera vez sólo un rato antes.

«Respira con la Música», me había dicho. ¿Qué quería decir? Nunca había escuchado o tocado música de esa forma; pero una vez que le hice caso las cosas empezaron a cambiar. Respirar con la música me hizo oírla y sentirla de una manera que nunca había experimentado antes. De hecho, podía sentir cómo las notas se mezclaban con el latido de mi corazón. Era como una meditación.

---

7 «Sustain» es también un término muy extendido en castellano. Alude al período de tiempo durante el cual el sonido puede ser percibido, hasta que desaparece o se detiene. (N. del T.)

No sé si era la lentitud del ritmo de mi respiración o qué, pero en cualquier caso me estaba ayudando a entender la música del Sr. Monroe por primera vez; y odio decirlo, pero me gustaba.

Ah, ese Michael: era un personaje astuto. Pasaron al menos diez minutos antes de que me diese cuenta de que estaba aprendiendo a tocar una canción de bluegrass. Para tocar y respirar con mis notas a la vez, tenía que aprenderme la música. Me engañó para hacer algo que habría rechazado de plano si me lo hubiese pedido. Seguro que estaría sonriendo en aquel momento. Yo sí.

Al irme a la cama, vi la bolsa de Michael en el suelo como si se hubiese caído del brazo de la silla. Asomando de la bolsa había un libro. Traté de dejarlo allí, pero lo que pude ver del título despertó mi curiosidad.

La Ciencia y el Arte de... No podía ver el resto, pero lo estaba deseando. No estaba seguro de si debía coger el libro de su bolsa o no. No quería tocar sus cosas, pero el libro estaba ya medio fuera y la curiosidad me podía; no sabía por qué, pero así era. No estaría haciendo nada malo si sólo curioseaba el título, ¿no? Intenté distraerme y me fui al baño a cepillarme los dientes, pero no funcionó. *La Ciencia y el Arte de...* «¿De qué?», pregunté en voz alta.

Vale, sólo un vistazo rápido, me dije. Salí corriendo del baño y fui donde estaba la bolsa. Supongo que en el fondo esperaba otra cosa, pero allí seguía, exactamente en el mismo sitio, con la mitad del libro asomando.

Michael es muy raro, pensé, intentando encontrar alguna excusa. *Quizá nunca vuelva a verle. Además, podría haberlo dejado adrede, para que yo lo viese.* Me convencí de que no pasaría nada por echarle un vistazo rápido.

La Ciencia y el Arte del Rastreo, por Tom Brown Jr. Estaba confundido. Era un libro sobre el rastreo animal y humano. No podía entender qué hacía Michael con un libro sobre huellas, pero parecía interesante. El rastreo me interesaba desde la infancia, cuando quise ser espía, pero nunca aprendí demasiado sobre el tema.

Conozco a un trompetista llamado Tom Brown y, la verdad, aunque me encanta su música no sé si leería un libro sobre él. Pero ¿Tom Brown Jr. el rastreador? *Hum, veamos.*

Cerca de una hora después, me obligué a dejar de leer. No quería que Michael supiese que había tocado sus cosas, así que puse el libro donde estaba usando mis mejores técnicas de espía de James Bond. «Nunca lo sabrá», me susurré a mí mismo como si alguien pudiese oírme.

Con la mente saturada y cansada, me acosté y me dormí profundamente, aunque no por mucho tiempo.

Me despertó el sonido de alguien que llamaba a la puerta. Miré el reloj: las cinco y cuarto de la madrugada. No conozco a ningún músico que se levante a las cinco y cuarto de la mañana, así que me di la vuelta e intenté dormirme otra vez. Entonces oí su voz.

—¡Déjame entrar! ¡Déjame entrar! Dame una pista de cómo se entra[8]. —Podía oír su risa a través de la puerta.

Me levanté y abrí la puerta. Tengo que admitir que Michael era gracioso, pero no iba a seguirle la gracia ni con una leve sonrisa. Le puse mi cara de sueño más convincente. No pareció importarle. Entró bailando un vals con unos pantalones cortos marrones, una camisa verde bosque, botas negras y un sombrero de safari. Llevaba una riñonera en la cintura, y el monopatín bajo su brazo izquierdo.

—Es hora de irse —dijo.

Ni se me pasaba por la cabeza ir tan temprano a ningún sitio más que a dormir otra vez. «¿Ir a dónde?» pregunté.

—Vamos de rastreo, pero tenemos que movernos rápidamente. El sol acaba de empezar a salir, y estará pronto en el ángulo perfecto. ¿Has leído el libro?

—Eh… no, no lo he leído. ¿Qué libro? —No tenía pensado mentir. Las palabras salieron solas de mi boca. Tampoco sabía qué pensar. ¿Me había puesto el libro como cebo, o yo había perdido mis habilidades como espía hasta ese punto?

---

8 Hace referencia irónica a la escena del capítulo «Groove» en la que Victor le pedía incesantemente que le dijera en qué tonalidad estaba tocando: «Let me in! Let me in! I can't find the key». (N. del T.).

Me miró y puso una de sus ya familiares sonrisas del gato de Cheshire. Cogió una camisa del suelo, me la lanzó y se volvió hacia la puerta: «Vamos».

Aunque todavía me estaba despertando, me puse la camisa y le seguí. «¿Tienes sitio en el monopatín para mí?» pregunté con una risita.

—Quizá nos llevase más tiempo, pero veríamos mucho más —respondió muy serio.

Nos metimos en mi coche y conduje hacia el este por la Interestatal 40. Nashville es el tipo de ciudad que atrae a gente de todo el país, sobre todo músicos. No es ni demasiado grande ni demasiado pequeña. Eso permite a gente de ciudades mayores, como Los Angeles o New York, vender sus pequeñas viviendas, mudarse a Nashville, comprar casas más grandes con mucho terreno y no alejarse de la vida urbana. Me gusta porque sólo tienes que conducir unos minutos para estar rodeado de árboles.

Siempre me ha encantado pasar tiempo en los bosques, pero no he tenido muchas ocasiones de hacerlo a causa de mi actividad musical. Soñaba con tener algún día una cabaña de troncos en el bosque.

Fuimos por una preciosa carretera serpenteante en Cheatham County flanqueada por onduladas colinas al este y el largo y estrecho Harpeth River al oeste. El paisaje era precioso a esa hora del día. El joven sol de la mañana, que brillaba a través de los árboles y se reflejaba en las hojas que quedaban de roble blanco y nogal, llenaba el aire de magia.

El oscuro y ondulante río se deslizaba y retorcía como una serpiente y nos tentaba a morder la fruta prohibida que había al otro lado. Me dijo que aparcara en el lado derecho de la carretera cerca de una curva del río. Entonces subimos un escarpado y poco transitado sendero hasta la cima del Mace Bluff.

El Mace Bluff es una colina alta cubierta de matorral de pino y cedros que contemplan el río desde arriba. La cobertura del suelo (hiedra venenosa en su mayor parte) es tan gruesa que actúa como una barrera protegiendo la montaña. Pocos caminantes se aventurarían a cruzarlo.

En la cima de la colina hay una roca baja y plana con una forma rocosa en el centro. Esta antigua figura es conocida como el Petroglifo del Mace Bluff. Ha despertado la curiosidad de los investigadores durante años sin que se haya llegado a ninguna conclusión. Todo lo que se sabe es que sus orígenes son nativos americanos, y eso supone cientos de años de antigüedad. Y lo que yo sé es que la panorámica desde lo alto del Bluff es sobrecogedora.

Michael se quedó de pie con los ojos cerrados y las manos levantadas sobre la cabeza. Inspiró profundamente tres veces. No sabía qué se suponía que debía hacer yo, así que me quedé allí mirando. Se notaba que era un lugar sagrado para él, y esperaba que me comentase algo al respecto. Sentía especial curiosidad por la figura de la roca. En vez de eso, cuando terminó de inspirar se sentó en lo alto de la escultura como si no estuviese allí y señaló al otro lado del río.

—Mira —dijo— a través de los árboles. Es un área llamada Mound Bottom. Era un lugar sagrado que usaban los nativos americanos hace cientos de años. Algunos de esos nativos aún vuelven a ese sitio hoy en día.

No sabía si estaba hablando de los nativos americanos vivos o de espíritus de un pasado lejano. No había visto muchos nativos americanos en Nashville; así que, si los espíritus aún seguían por allí, me pregunté cómo podía saberlo. ¿Podría verlos? ¿Sentirlos? ¿O estaba jugando con mi mente otra vez? En cualquier caso, supuse que aquello tendría que ver con la música, así que no pregunté.

Conté trece montículos de diferentes tamaños que rodeaban uno más grande situado en el centro. Se decía que el grande medía, al menos, seis metros de alto. Estaban diseminados a lo largo de un campo ancho y abierto, y desde nuestra privilegiada ubicación parecía como si no fuesen más que pequeños baches del terreno. Resultaba difícil de creer que fuesen realmente tan grandes.

—Esas son notas, notas grandes —dijo Michael señalando con la cabeza al otro lado del río, hacia los montículos.

—¿Qué quieres decir? —pregunté.

—Son signos que dejaron los nativos. Esos montículos son como notas grandes, pero tienes que estar lejos de ellas para leerlas como un todo. Tom Brown Jr. es rastreador, así que los llamaría «pistas». Yo soy músico, así que los llamo «notas». De la misma forma que un buen rastreador puede decir muchas cosas acerca de la gente que dejó esas pistas, un buen músico debería ser capaz de hacer lo mismo.

Tras unos minutos de contemplación musical de los montículos, Michael rompió el silencio.

—Leer pistas es como leer Música, de la misma forma que hacer pistas es como hacer música. No hay manera de moverse por el paisaje sin dejar pistas. No importa si es un paisaje natural o musical. Cada vez que te mueves, y cada vez que tocas una nota, una parte de ti mismo queda atrás. No hay forma de evitar eso.

»Ahora bien: si el rastreador es bueno —explicó mientras seguía observando el campo— puede ver dentro del alma del que dejó las pistas. El rastreador puede saber lo que el creador de las pistas pensaba, sentía, hacía y muchas más cosas. Un buen músico debería poder hacer lo mismo. Aprender cómo hacerlo lleva tiempo, dedicación e intuición; pero como ya puedes leer Música, debería serte fácil.

Había oído algo sobre leer en las manos, ojos, hojas de té, folículos pilosos, y el libro de Brown hablaba incluso de leer en las pistas; pero nunca antes había oído hablar de leer en la música, o no de esa forma al menos.

—Echa un buen vistazo a esos montículos —dijo Michael, mientras movía su mano a través del horizonte—. Verlos como un todo es muy parecido a ver una pieza de música. Un buen lector puede hacerse una idea de cómo suena con sólo echar un vistazo de forma general a la partitura. Ahora, para tener más detalles de la Música, debemos acercarnos. ¡Vamos!

Sin dudarlo, echó a correr colina abajo. Rebotaba por la pequeña montaña como un ciervo, y yo le seguí como mejor pude. Para cuando llegué abajo, Michael ya estaba cruzando el río y dirigiéndose a los montículos. Cuando al final le alcancé, estaba de pie en lo alto del montículo grande, y pude ver entonces que estaba aplastado por la parte de arriba formando una pequeña meseta. Desde ese emplazamiento, podíamos ver claramente cómo estaban situados los montículos pequeños en forma de herradura alrededor del montículo más grande.

—La tonalidad —dijo Michael.

—¿Qué?

—La tonalidad: la encontraste. Estás sobre ella. ¿Puedes ver que este montículo es como el centro tonal de una pieza de Música? Todo lo demás está aquí para realzar este montículo más grande.

—Ya veo —contesté, cuando conseguí entenderle—. Déjame intentarlo a mí. Este montículo grande sobre el que estamos es como la tonalidad de la canción. Todos los demás montículos están aquí para ayudar a definir cuál es la tonalidad. El más grande tuvo que establecerse primero, antes de que el resto de montículos (o, diré mejor, las otras notas) pudieran situarse. Se ve claramente, desde este centro, que los más pequeños están aquí como apoyo del mayor. Así que, si relaciono estos montículos con la música, puedo ver que lo primero que hay que hacer es establecer una tonalidad. ¿Qué tal voy?

—Muy bien —contestó—. Pero, como mencioné antes, lo primero podría no ser la tonalidad.

—Correcto, podría ser el Groove; pero en esta situación, hablamos de montículos. ¡Espera un minuto! ¿Estás diciendo que los nativos establecieron un Groove antes de construir los montículos?

—¡Sí!

—¿Cómo? —Imaginé a los nativos danzando al son de la música mientras construían los montículos. Sabía que no se refería a eso, pero no pude hacer la conexión, al menos no en ese momento.

—¿En qué pensaron antes de poner los montículos aquí? —preguntó.

Intenté dar con una respuesta, pero el mero hecho de intentarlo pareció alejarla.

—No lo sé.

—Buscas respuestas de la misma forma en la que buscas notas. Deja de intentar controlarlo todo —me dijo Michael.

No pillaba de qué me estaba hablando, pero traté de relajarme. Eso no me ayudó. Aún no podía dar con la respuesta.

—¿Puedes darme una pista? —pregunté.

—Mañana construiremos una réplica exacta de este montículo en tu patio trasero. ¿De acuerdo?

—¿Por qué? —pregunté, sin seguir su lógica.

—¡Por fin! Pensé que nunca encontrarías la respuesta.

—¿De qué estás hablando? —Estaba realmente confundido.

—Ni siquiera entiendes las respuestas cuando vienen a ti. Quizá eres peor de lo que pensaba. —Michael bajó la cabeza. Podía ver que estaba intentando contener la risa por cómo se movía.

Levanté las manos en señal de frustración. «Pues no lo pillo».

—¿Por qué? —dijo bruscamente Michael.

Me sentía muy frustrado, y traté de no gritar: «No sé por qué».

—No, escúchame; necesitaron un *porqué*, una razón antes de poner los montículos. No decidieron un buen día ponerlos en este área específica así, por las buenas. Tuvieron un motivo para hacerlo. Y fue entonces cuando decidieron *dónde* ponerlos. La tonalidad es dónde poner los montículos. El *groove* es por qué ponerlos.

—De acuerdo, ahora lo pillo —solté un fuerte suspiro de alivio—. Esto tendría que haberme resultado fácil. Por supuesto que tuvieron una razón para poner ahí los montículos. Necesitaban el «por qué» antes decidir el «dónde», y no al revés. Ahora lo veo con claridad.

—Sí, y ahora puedes ver que el propósito fue su «groove», ¿no? —preguntó.

—Sí, puedo. Entonces, ¿cuál era su propósito para poner los montículos aquí? —pregunté.

—Miremos más de cerca y veamos qué se nos ocurre.

Buscó en la riñonera y sacó un puñado de palitos de helado. No tenía ni idea de para qué eran. Empezó a dar vueltas por el montículo grande y a clavar los palitos en la tierra. Para cuando hubo terminado, había filas de palitos hacia arriba y abajo del montículo en todas las direcciones.

—Mira aquí. ¿Qué ves? —Señalaba al suelo.

—Hierba —respondí, medio en broma.

Se puso de rodillas y me instó a hacer lo mismo. Puso las manos en la hierba y apartó las briznas cuidadosamente. «Piensa como Tom Brown», sugirió.

Contesté de inmediato. «Una pista, ya lo veo».

—Sí, pistas de ciervo en lo alto de los montículos, aquí fuera, en abierto —contestó levantándose—. Cada uno de esas filas de palitos marca el sendero de un animal diferente que ha venido a lo alto de este montículo.

—Veo los palitos, pero me cuesta ver las pistas —admití.

—Si estuvieses en una habitación y sintonizases tu mente con el color azul, cualquier cosa azul en la habitación te saltaría a la vista. Todo lo que tienes que hacer es sintonizar tu mente con la apariencia de la pista que acabo de enseñarte. Entonces, como el color azul, el resto de las pistas aparecerán.

Sabía a qué se refería. Lo había hecho muchas veces con los colores. Podía reconocer cualquier color en una habitación sólo con pensar en él. En cuanto enfocaba la mente, todo lo que hubiese en la habitación con un color similar destacaría. Al centrarme en un color distinto, haría destacar ese color. Decidí intentarlo con la pista.

Miré hacia abajo y me concentré en la huella de ciervo que estaba a nuestros pies. Era una sombra más oscura que el resto de la hierba. Desenfoqué los ojos y usé mi visión periférica para mirar alrededor del montículo. Para mi sorpresa, podía ver filas de pequeños círculos oscuros por toda su superficie.

—¡Las veo! —exclamé.

—Por supuesto que las ves. Hay rastros de animales por todos estos montículos. Respóndeme a esto. ¿Por qué crees que estos animales arriesgan su seguridad para venir aquí? No hay comida ni agua; y en lo alto del montículo están al descubierto, cosa que no les gusta. ¿Qué les trae aquí?

—Quizá algo que no vemos —respondí.

—¡Exactamente! —contestó Michael con emoción—. Y quizá también había algo que atraía a los nativos. Puede que incluso haya algo que nos atraiga a nosotros, pero no podemos verlo. Lo que no podemos ver, pero sabemos que está ahí, ¿cómo suele llamarse? —preguntó.

—Espíritu —respondí.

—¡Exactamente! Espíritu: lo que no se ve, pero se siente. La música es igual. ¿Puedes ver la Música? No. Entonces, te pregunto: ¿qué es realmente?

Había oído hablar de la idea de la música como algo espiritual, pero lo explicó de una forma que tenía mucho sentido.

De repente, sin esperar a que le respondiese, Michael se quitó las botas y se lanzó colina abajo corriendo a cuatro patas como un animal. Era una imagen tronchante. Se movía arriba y abajo, atrás y adelante. Volviéndose y lanzándose como si hubiese perdido la cabeza, retozó por todo el montículo. Había visto actuar así a las ardillas, pero nunca a un ser humano.

Se le notaba en la cara cómo disfrutaba. Sus ojos resplandecían como los de un cachorrito que ve la nieve por primera vez. Me pareció divertido, pero no tuve el valor de unirme a él. Después de quitar los palitos de helado de una de las filas, los dejó junto a cada pista; y entonces me hizo señas para que le siguiera a la falda de la colina. Por supuesto, lo hice.

—Mira —me dijo—. Un manuscrito musical.

—¿Qué quieres decir? —pregunté.

—Si dejas que la pista se convierta en nota y el palito en plica, cada pista parecerá una nota musical. Entonces puedes leer el diseño de los pasos del animal como una pieza de Música.

—¡Guay!

—Además —añadió Michael—, ver la forma en la que las patas del animal golpearon la tierra te dirá más sobre él. Habitualmente, cuanto más brusco es el ataque de cada pata, más corto es el tiempo que pasa en la tierra. Es como la Música.

Había leído en el libro de rastreo que los pasos te indicaban si el animal se movía lento o rápido, y que mirar en los bordes de la huella te daba información sobre la dirección e intención del animal. Después de que Michael me mostrase la forma de leer cada grupo de huellas de ciervo como un compás de música, ya sabía hacerlo. Podía saber al instante que el ciervo estaba galopando si las huellas golpearon la tierra bruscamente en grupos de cuatro. Las huellas en grupos de dos significaban que el ciervo se estaba moviendo más lentamente.

De repente, me vino a la cabeza que lo mismo ocurría con la música. Puedes saber la velocidad a la que se mueven las notas, incluso a simple vista, según haya dos o cuatro figuras en un compás. El hecho de que los ciervos corriesen a través del campo pero caminasen por la cima del montículo abierto quería decir que se sentían a gusto allí.

Observar cómo los distintos bordes de los cascos de ciervo golpearon la tierra me permitió saber por adelantado cuándo el animal iba a cambiar de dirección. No tenía ni idea de cómo Michael podía predecir esos cambios de dirección antes de que me enseñase qué buscar. Ahora que podía hacerlo, me sentí como Sherlock Holmes.

Me enseñó cómo saber hacia dónde se dirigía un animal basándome en cómo sus patas golpearon el suelo. También me contó que, si investigábamos a fondo las huellas, también investigaríamos a fondo a quien las hizo. Michael creía que podía deducirse mucho del interior de un animal o un humano estudiando sus huellas. No sabía qué quería decir con «interior», pero lo que ya me había enseñado era suficiente. Poder saber tantas cosas con sólo mirar el suelo me parecía magia. Trataba de imaginarme lo que debía ser tener la capacidad de hacer lo mismo escuchando la música de alguien.

Una persona triste suele tocar música en tonalidad menor, mientras que una tonalidad mayor sugiere un estado feliz. Incluso podía saber si una persona estaba muy nerviosa escuchándola tocar. Quizá, como las huellas, la música *es* una puerta que nos permite atisbar el espíritu de una persona. Pensar en aquello me intrigaba. Estaba ansioso por aprender más.

—Este es un sitio espiritual —dijo Michael, después de que galopásemos de vuelta a la cima de la colina—. Los nativos lo saben. Los animales lo saben; y, ahora, tú también lo sabes.

—Pero ¿cómo puedes probarlo? ¿Cómo sabes que es un sitio espiritual, más que cualquier otro? —inquirí.

—¿Probar? ¿Qué es una prueba sino la perspectiva de alguien? Y dime: ¿qué importancia tiene una prueba, en cualquier caso? ¿Has aprendido algo de la experiencia?¡Pues *eso* es lo importante!

—Pero ¿qué lo hace más espiritual que cualquier otro sitio? —pregunté.

—No he dicho que este sitio fuese *más* espiritual que cualquier otro —continuó—. He dicho que es un sitio espiritual y que los nativos lo saben. Piensa en esto. Viste a este sitio desde lo alto del Mace Bluff y viste belleza. Entonces viniste y te pusiste de pie sobre el montículo más alto y viste belleza. Y ahora, miras en este montículo las huellas de los animales que caminan a través de su rostro y sigues viendo belleza. Cierra los ojos y dime qué ves.

Hice lo que me pidió y volví a ver belleza.

—Bien. Has contemplado este maravilloso sitio desde cuatro perspectivas diferentes, y cada una ha generado el mismo sentimiento: ¡belleza! ¿Cómo puedes estar equivocado?

»La belleza es algo que experimentas, no algo que puedes probar. ¿Puedes decirme qué es la belleza, o puedes siquiera decirme cuál es el concepto que tienes de ella? ¿Puede la ciencia definir la belleza? ¿Puedes verla, o tocarla, o sólo puedes ver y tocar algo que posee esa cualidad? La belleza es invisible, individual e intangible. Interesante, ¿no? Es algo que sabes, si bien técnicamente, que no está allí. ¿Cómo puede ser? Al igual que la Música, vive dentro de ti; y tú imprimes esas cualidades en aquello que desees.

»La gente ha hablado de la belleza durante siglos. Un sabio del siglo XIX dijo una vez: "Lo bello es aquello en que los muchos, aun vistos como muchos, se convierten en uno". Hay una gran verdad en esa afirmación, pero en términos más simples podría decirse como lo hizo otro sabio. Escribió: "La belleza es verdad; la verdad, belleza". Eso es fácil de entender.

Se puso de pie, extendió los brazos y cerró los ojos.

—Los Nativos sabían, y aún saben, que este es un sitio espiritual porque ellos han elegido que lo sea, y tú también lo has elegido. Y desde aquí, en la curva del precioso Río Harpeth, puedes ver por qué.

Abrió rápidamente los ojos, se inclinó hacia delante y me hizo una última pregunta.

—Si este sitio es bello, y la «belleza» es invisible, entonces ¿qué es este sitio?

—¡Un sitio espiritual! —exclamé.

—¡Gracias! Ahora ya podemos irnos.

TÉCNICA

¿Estás haciendo magia?
Sí. Se llama técnica.

No tenía palabras. Me quedé allí parado un momento y dejé que sus palabras permanecieran en mi cabeza. Una brisa me sopló en la cara cuando se dio la vuelta y se marchó. Me heló la piel. De alguna forma, sentí que sus palabras estaban conectadas con la brisa. No podía explicarlo, pero era como si el viento hubiese transmitido su mensaje a mis oídos a través del aire. Y al igual que el viento, llegó antes de que pudiese verlo venir.

Recogimos los palitos de helado y volvimos al coche sin decir una palabra. Cuando llegamos, Michael rompió el silencio.

—Mira —dijo.

No me había fijado, pero había cogido dos pequeños trozos de madera. Uno era un palo recto, delgado y redondeado de unos treinta y cinco centímetros. El otro era una tabla corta y plana, algo más gruesa que el palo. Puso una rodilla en tierra y dejó la tabla en el suelo. La sujetó con el pie y puso el bastón entre sus manos, perpendicularmente a la tabla (formando una T al revés).

Empezó a frotar las palmas rápidamente y a hacer girar el palo. Apoyó el cuerpo en las manos y creó presión hacia abajo, lo que hizo que el palo girase creando fricción y calor. En unos pocos segundos, la madera empezó a echar humo. Muy poco después, dejó de mover el palo.

—Mira —dijo.

Miré hacia abajo, y allí había unas brasas ardiendo junto a la tabla. Después de dejarme echar un buen vistazo, transfirió las brasas a una pila de hierba seca. Entonces, cogió suavemente la pila y sopló sobre ella tres veces. Al tercer soplido, ardió todo en llamas allí mismo, en sus manos. Era al mismo tiempo increíble y hermoso de observar.

Michael me contó que lo que había usado se llamaba taladro de mano. Una vez vi a alguien hacer fuego usando esa técnica en un programa de televisión, pero nunca había visto nada comparable a lo que Michael acababa de hacer. Todo el proceso le llevó menos de un minuto, y de no haberse detenido para dejarme observar probablemente no le habría llevado ni treinta segundos. (Casi un año después, traté de hacer fuego usando las técnicas del taladro de mano y el arco perforador. Y no era nada fácil. Hacer un fuego en tan poco tiempo aún se me antoja casi imposible.)

Después de sujetar el manojo ardiente durante unos segundos, Michael lo puso en el suelo y me miró.

—Tu turno —sugirió, a la vez que apagaba las llamas.

—De acuerdo, lo intentaré.

Me arrodillé y lo hice lo mejor que pude para repetir lo que acababa de ver...y casi me cargué los dos trozos de madera durante el proceso. En mis manos, el palo no paraba de moverse hacia todos lados y de escurrirse de la tabla al suelo. Después de un par de minutos de lucha, estaba exhausto. Solté el palo y me senté, cansado y sudoroso.

Michael se rió, cogió el palo, y volvió a hacer que la madera humease en unos pocos segundos.

—¿Cómo lo haces? —pregunté, aún sin aliento—. ¿Estás haciendo magia?

—Sí. Se llama técnica —contestó—. Sin una técnica correcta no se puede hacer nada.

—¿Puedes enseñarme la técnica correcta para hacer fuego? —pregunté, con lo que olvidé una de sus primeras reglas.

—No, no puedo —respondió con su familiar y astuta sonrisa.

—¿Por qué no? —pregunté—. Ah, de acuerdo. ¿Me *mostrarías* la técnica correcta, por favor? —Me iba adaptando poco a poco a su estilo de enseñanza.

—Me encantaría.

Nos arrodillamos y me mostró cómo y dónde poner las manos y los pies. Me dijo que la razón por la que el palo, que era de cola de caballo, se doblaba contra la tabla de cedro era que estaba usando demasiada fuerza con mi mano.

—Usa las dos manos por igual —me dijo—. La mayoría de los músicos favorecen su mano buena. Quizá nunca se den cuenta; pero si no corrigen el problema, su progreso seguramente se verá afectado. Y con esto —dijo señalando los palos—, si no corriges el problema, nunca harás un fuego

Después de varias veces de intentarlo, detenerme, corregir y ajustar, conseguí hacer humo. No era mucho, pero era humo. Michael se rió, y me dijo que estaba sudando tanto para intentar hacer un fuego que probablemente mis brasas se apagarían antes de poder siquiera prender una llama. Caí al suelo, respirando con dificultad. Como yo no podía hablar, lo hizo Michael.

—Para hacer Música, es imprescindible tener una buena técnica. Puedes saber toda la teoría que quieras. Puedes tener las mejores ideas del mundo, pero necesitas una buena técnica para hacerlas salir. Tu técnica puede incluso ser poco ortodoxa, pero si es inadecuada no podrás expresarte libremente; en lugar de eso, te frustrarás. Una buena técnica te permite usar a voluntad todos los demás elementos de la Música.

Se arrodilló y se puso a prender otras brasas tan fácilmente como había prendido las primeras. No dejó de hablar en ningún momento durante el proceso. Me senté en el suelo mientras miraba y escuchaba.

—Tu técnica debería ser de tal nivel que pudieras olvidarte de ella. Al final, incluso te olvidarás del bajo. Sólo entonces podrás recordar cómo hacer Música. Piensa en el habla. Cuando hablas,

las palabras son las notas. Tu lengua, diafragma, boca, dientes, labios y demás son los instrumentos. La forma en que los usas para empujar el aire a través de tus cuerdas vocales y tus labios para formas palabras es la técnica, pero rara vez piensas en ello.

Sus brasas aún humeaban, así que arrojé algo de hierba por encima. La hierba estaba húmeda, lo que casi las apagó; pero Michael vino al rescate. Sopló por encima un par de veces y volvió a hacerlas humear en segundos.

—Cuando eras un bebé —continuó—, tu técnica no era lo suficientemente buena como para permitirte hablar igual que el resto. Balbuceabas una y otra vez intentando desarrollarlo y conseguir que te entendieran. Llorabas porque no controlabas tu instrumento.

Frunció cómicamente el ceño como si fuese un niño disgustado. Me tuve que reír.

—Después de muchos meses, finalmente desarrollaste el control que te permitió decir lo querías decir. Eso te hizo feliz. El sentimiento de alegría te animó a aprender más.

Se puso de pie y sonrió, a la vez que levantaba las manos en el aire.

—Date cuenta de que no desarrollaste tu técnica para hablar a través de una práctica perseverante, o al menos no el tipo de práctica con la que estás familiarizado. Tus padres no te encerraban en un cuarto y te hacían trabajar en ello tres horas diarias, y no te obligaron a ir a clase. Aprendiste a hablar a través de un proceso natural.

»Cuando aprendemos Música, pensamos que necesitamos concentrarnos mucho en algo hasta que tenemos éxito. También pensamos que debemos encerrarnos en lo que llamamos el "estudio" al menos unas cuantas horas diarias y centrarnos en lo que estamos haciendo. Practicamos escalas, modos y recursos técnicos una y otra vez hasta que se convierten en nuestra segunda naturaleza. Creemos que esa es la única forma de conseguir llegar a ser un maestro de la Música. Yo propongo un camino diferente.

Se inclinó sobre las brasas y agitó la mano para hacer algo de aire. Cuando se puso de pie, la hierba ardió en llamas. Mis ojos se abrieron. Él no reaccionó.

—¿Tienes que concentrarte para hablar inglés? —inquirió—. Cuando estás tocando a tu mejor nivel, ¿te concentras? ¿Tienes que concentrarte cada vez que haces algo bien? No, no tienes que hacerlo.

Yo estaba tenso, pero a él se le veía relajado. Me concentré mucho para seguir todo lo que hacía y decía. Entre escuchar sus palabras y verle manipular el fuego, me estaba perdiendo. Empezó a hablar otra vez, así que puse toda mi atención.

—Si un policía llegase ahora y te ordenara que caminases sobre una línea recta, probablemente te costaría. ¿Por qué? —se puso de pie y actuó como si estuviese caminando sobre la cuerda floja—. Porque empezarías a concentrarte en hacerlo «bien».

Cayó al suelo como si hubiese perdido el equilibrio. Me miró y continuó. «No tienes que concentrarte para andar. Así que, cuando empiezas a *intentar* concentrarte, a tu cuerpo no le gusta y pierdes el equilibrio. Si lo hicieses delante del policía, podrías acabar en la cárcel; y eso es exactamente lo que nos pasa a la mayoría cuando intentamos tocar. Nos dejamos atrapar en la jaula de nuestra propia mente». Apretó los puños frente a sí y simuló estar entre rejas.

—Hay un momento para concentrarse y otro para no concentrarse —dijo—. Concentrarse es como enfocar los rayos de sol en un punto usando una lente de aumento. Se pueden producir cantidades increíbles de calor usando ese método. Lo solías hacer de niño. ¿Estoy en lo cierto?

Sonreí, pero no contesté. Por supuesto que estaba en lo cierto. Pensé en las pocas veces que jugué con fuego de niño. Siempre me había gustado prender fuego con una lente de aumento. Había algo que me intrigaba en lo de enfocar los rayos de sol hacia un punto. Pensé en las posibilidades de hacerlo con la propia mente. Michael se sentó en la posición del loto antes de continuar e interrumpió mis recuerdos de infancia.

—Concentrarse o enfocar es genial para proyectar tus pensamientos o tu voluntad. Habitualmente, eso implica cerrar la mente de una forma que hace desaparecer todos los demás factores, excepto aquello que estás intentando conseguir.

Apoyó las manos en las rodillas y puso las palmas hacia arriba, uniendo los pulgares y entrecruzando los demás dedos. Cerró los ojos y siguió hablando.

—Se pueden conseguir milagros con esa clase de concentración, pero eso requiere control. Si se usa el método o técnica apropiado, la mente puede producir mucho más calor que la lente más grande; pero, según la situación de que se trate, puede que esa no sea la manera más provechosa de usarla.

»Cuando llega el momento de recibir información, lo que mejor funciona es *abrir* la mente —abrió a su vez los ojos para enfatizar el argumento—. Es como tomar el poder de tu mente y abrirlo a cualquier información de ahí fuera. La mente no puede alcanzar todo su potencial hasta que dominas cada una de esas técnicas. Como el yin y el yang, trabajan juntas para completar el todo. Si no quieres tener que concentrarte cada vez que tocas el bajo, no deberías tener que concentrarte cada vez que estudias.

Debería haberme dado cuenta por mí mismo. Odiaba tener que concentrarme simplemente para tocar. Sabía que cuando tocaba lo mejor que podía no me concentraba en absoluto; estaba en la «zona». Aún frustrado por lo que me estaba costando concentrarme en ese momento, me quedé callado y escuché.

—Los niños saben hacerlo instintivamente, pero la mayoría de los adultos hacen lo que está en su mano, sin mala intención, para robarles esta hermosa cualidad. Los niños aprenden más rápido de lo que jamás lo harán los adultos, porque sus mentes están abiertas. Quizá no se den cuenta de lo que hacen, pero al abrir sus mentes a toda la información de que disponen su poder de imaginación y creación se vuelve ilimitado, lo que significa que su potencial es también ilimitado. No consigues una imaginación así a través de la concentración.

El mismo Michael era a menudo como un niño; nunca estaba mucho rato sin moverse. Aunque usaba los brazos para gesticular, aquello era todo lo que le había visto estarse quieto. Sentado en la posición del loto, se quitaba el sombrero y lo usaba para abanicar las brasas que seguían candentes cerca de él. Parecía como si estuviese enviando señales de humo. Así, usando su sombrero para señalar, siguió hablando.

—Como este humo, el conocimiento está en el aire. Todo el conocimiento que ha existido, o existirá, ya está aquí: justo aquí y ahora. Si consigues sintonizar la frecuencia correcta, puedes acceder a cualquier información que quieras. Creemos que el cerebro crea el conocimiento, pero yo te digo que el cerebro no crea nada. El cerebro recibe; o, más exactamente, descubre. Sería un milagro en sí mismo que todo en este mundo hubiese venido del cerebro, una masa gelatinosa del tamaño de un pomelo. El cerebro puede recibir información y usarla. Ahora bien: ¿crearla? ¡No! —Bajó la cabeza y la sacudió atrás y adelante.

Entonces agitó el dedo rápidamente a través del humo y lo movió en círculos formando figuras serpenteantes. El humo se acercó a mí lentamente. Me eché hacia atrás e imaginé una lengua bífida que chasquease en el aire y pusiese a prueba mi aplomo.

Cuando la serpiente se disipó, él puso su gorro de safari en el suelo y cubrió completamente las brasas. Eso hizo que el gorro empezase a prenderse. Sus acciones me confundían una vez más. Él parecía disfrutar con mi mirada de confusión; sonrió y continuó hablando.

—La Música sale de una radio, pero ¿está la Música dentro de la caja? ¡No! La Música está en el aire. La radio tiene la capacidad de sintonizar la frecuencia correcta y elegir la Música que se quiera, pero no la crea.

»Imagínate que la radio pudiera abrirse y hacer sonar toda la Música a la vez. El resultado sería caótico. A no ser que se "sintonice" lo que queramos recibir, la cosa no funciona. Mucha gente pierde el control en la vida porque hace exactamente eso. Se abren al "todo" sin el control correcto, tan necesario para asimilar la información. El resultado, si no se está preparado, es el caos. Recuerda: todo el conocimiento está en el aire; y, dado que respiras este aire, todo el conocimiento está también en ti. La radio es el ejemplo perfecto de lo que te digo.

Cuando terminó el monólogo se puso el gorro, aún humeante, con lo que parecía que su cabeza estaba ardiendo. Desde su posición de piernas cruzadas, sonrió con orgullo. De nuevo me asombré de lo infantiles que podían parecer las acciones de aquel extraño individuo. Tuve la sensación de que estaba usando la técnica de la radio en aquel preciso instante para recibir la información que me estaba dando. Parecía estar demasiado loco como para que se le ocurriese aquello a él solo.

Podría usar esa habilidad. Seguro que sería genial no tener que almacenar todo mi conocimiento en el cerebro constantemente. Pensé que podría sentir mi cabeza humeando también.

De repente, me di cuenta de algo acerca de mi propio método de aprendizaje. Solía bloquear todo lo demás para poder meter información nueva a presión en mi cabeza. Rara vez funcionaba. Mi cerebro, que ya estaba hasta arriba, solía rechazar esa información. Podía imaginarme un cartel de «completo» colgado en la puerta de mi cerebro. *No más información, por favor.*

Como si hubiese leído mis pensamientos, Michael preguntó:

—¿Cómo atañe eso a la técnica?

—Creo que lo sé —respondí.

Michael me puso el gorro en la cabeza. Aún humeaba.

—Ahora —indicó—, no pienses; o lo sabes o no. Dime lo que sabes.

—Ahí va: cuando mejor toco, no pienso. Estoy en la «zona». La música fluye a través de mí, pero ese flujo se rompe a veces cuando cometo un fallo. La frustración suele originar mis errores, y cometerlos suele frustrarme. Muchas veces, una técnica deficiente es la raíz del problema. La técnica deficiente me roba la posibilidad de expresarme libremente. Es como si escuchase lo que quiero tocar pero mi técnica no permitiese que saliera.

»Entonces —continué—, para poder tocar libremente, necesito una buena técnica, pero no quiero estar pensando en la técnica cuando toco más de lo que quiero pensar en la boca cuando hablo. Así que, cuando estudio, uso la "concentración" para aprender lo que es la técnica. Después uso la "no concentración" para sentirme totalmente cómodo al usar la técnica. Combinar ambos métodos de concentración me permite tener una comprensión total de la técnica.

Me sorprendí a mí mismo. Parecía que al final lo estaba pillando. No sabía de dónde venía la información, pero estaba abierto a ella y estaba fluyendo a través de mí. No quería parar aún. Sentía la energía, así que seguí hablando.

—Si quiero alcanzar la «no concentración», necesito añadirla a mi rutina diaria de estudio. Combinar la «concentración» con la «no concentración» es algo necesario para cerrar el círculo. Esto, como dijiste, es yin y yang. Ambas partes son necesarias para completar el todo. Sabemos cómo concentrarnos y sabemos cómo practicar la concentración; pero ¿sabemos cómo practicar la «no concentración»? Necesito averiguarlo para cerrar el círculo.

—¿Qué puedes usar para practicar la «no concentración»? —preguntó Michael a la vez que quitaba el gorro aún candente de mi cabeza.

—La televisión —contesté. Esa era fácil para mí.

—¿Crees que la televisión puede ser de ayuda?

—Claro que puede —respondí—. Si estudio técnica mientras veo un programa de la tele podría activar otra parte de mi cerebro. Eso simularía la «no concentración» cuando toco.

—Pensaba que la televisión era algo negativo —dijo Michael levantando las cejas.

—Bien, eso es lo que tú pensabas —contesté con convencimiento. No sabía de dónde venía mi recién estrenada autoridad, pero la tenía y la estaba ejerciendo. Me senté e intenté formar mi propia posición del loto. Mis piernas gritaron «¡no!» Al escuchar a Michael reírse por lo bajo, deseché la idea del loto y decidí exhibir mi autoridad con palabras.

—La televisión sólo es negativa o positiva dependiendo de cómo la uses —continué—. Como un maestro Zen dijo una vez: «nada es bueno o malo hasta…» esto… «que creemos que lo es», o….no: «hasta ver que es así», o algo parecido. —Era mi turno de adoptar un tono poético, y lo eché a perder—. En cualquier caso, ya que la vemos, ¿por qué no la usamos para nuestro provecho? Esa no es la única forma. Soñar de día, soñar de noche, sentarse en la naturaleza, meditar y muchas otras cosas podrían ayudarme a aprender a «no concentrarme», con lo que podemos dedicar más tiempo a sentir la música. Si tuviésemos que concentrarnos todo el tiempo en las técnicas e instrumentos que usamos para hablar, nunca seríamos capaces de decir nada que valiese la pena. Ser capaz de concentrarse, o de no hacerlo, es necesario para que uno pueda alcanzar todo su potencial. Si la televisión puede ayudarme con eso, la usaré. Puedes usar otra cosa si quieres —me crucé de brazos y asentí.

—Has hablado con auténtica comprensión —comentó Michael, arrodillándose a mis pies—. ¡Enséñame! ¿Me enseñarás, maestro?

—¡No! No puedo enseñarte nada —respondí, dándole una palmadita en la cabeza.

Nos reímos un buen rato de mi discurso. Parecía haber satisfecho a Michael. Yo estaba impresionado con lo que había dicho y con la autoridad que había mostrado porque no sabía de dónde había venido. Pero sí sabía que lo que había dicho era correcto, y me sentía seguro de mí mismo como nunca antes.

Sin previo aviso, Michael dio un brinco, cogió tres palos, y empezó a hacer malabares. Me impresionó. Lo que hizo a continuación fue incluso más impresionante. Se puso enfrente del coche y usó los palos para tocar un diseño rítmico en el capó…sin parar de hacer malabares al mismo tiempo.

—Eso está muy bien —señalé.

—¿Qué tal mi percusión? —preguntó.

—¡Genial!

—Cierra los ojos y escucha.

Cerré los ojos y escuché con atención. Al hacerlo, me di cuenta de que su percusión no era nada buena. Sus malabares eran geniales, pero su ritmo era irregular, mediocre como mucho.

—Te he engañado con mi representación —afirmó Michael, cogiendo los palos con una mano.

—Supongo que sí.

—Una gran representación puede hacer que cualquiera suene bien.

—Ya veo.

—La técnica sirve al mismo propósito a veces —añadió—. Usar técnicas espectaculares puede hacer que el público empiece a mirar y deje de escuchar. En el momento apropiado, puede ser una herramienta útil. El problema de eso es que, muy a menudo, es el músico el que deja de escuchar y no el público. Eso nunca debería ocurrir. Cada vez más bajistas aprenden primero las técnicas de lucimiento —por alguna razón, me señaló al decirlo—. Deberían desarrollar una base más sólida antes de aventurarse en esa dirección. No importa qué técnica sea; haz que sea sólida antes de hacer que sea lucida.

Sabía que lo decía por mí, así que abrí fuego con mi propio comentario. «Yo te he visto usar técnicas de lucimiento».

—Sí, me has visto; pero cuando cierras los ojos, ¿qué oyes? Aún escuchas buena Música. No tienes que mirar para disfrutarlo. Yo me aseguro de usar musicalmente incluso mis técnicas más lucidas. No puedo decir lo mismo de todos los músicos.

Podría haberlo intentado, pero no había nada que pudiera decir a eso. Aún un poco a la defensiva, me quedé callado y escuché.

—Esa es la diferencia —continuó—. Mis técnicas no nacen de la necesidad de lucimiento. Nacen del deseo de producir con las manos lo que oigo en mi mente. Habitualmente, si me concentro en la Música, la técnica se creará por sí misma. Recuerda que, al igual que ocurre con el habla, los recursos técnicos son herramientas y no el resultado final.

Asentí, tratando de no mostrar mi inseguridad. A Michael no pareció importarle; simplemente siguió hablando.

—Muchos músicos se meten demasiado a fondo en la técnica cuando podría beneficiarles meterse a fondo en la Música. Algunos de ellos miden sus logros en base a si consiguen dominar o no ciertas técnicas. Eso, para mí, es como estar orgulloso de ti mismo porque puedes enrollar la lengua. Eso está muy bien y quizá debería hacerte sentir orgulloso, yo no soy quién para decir lo contrario; pero si es de Música de lo que hablamos, quizá esos músicos deberían replantearse sus prioridades.

Abrí la boca para hablar, pero levantó un dedo. Me senté en el capó del coche, me tragué mis palabras y escuché.

—Para el auténtico músico, los recursos técnicos no son sino un medio para decir algo. Sólo necesitamos concentrarnos en ellos lo suficiente para encontrar las formas más correctas y eficientes de hacer las cosas. Una vez hacemos eso, nuestra atención se centra de nuevo en la Música. Cuanto más sentimos la Música, más rápidamente adquiere sentido la técnica. Conozco músicos que han trabajado recursos técnicos simples durante años sin demasiado progreso —sacudió la cabeza—. Eso es porque durante años su atención ha estado en la técnica, no en la Música. Eso es un error.

—No te he oído llamar error a nada antes —remarqué.

—Sólo lo llamo así en relación con el resultado que quieres obtener. Si tu meta es hacer Música ahora, concentrarte en una técnica durante años puede ser un error, un gasto de valioso tiempo y esfuerzo.

Intenté convencerme de que me hablaba *a* mí y no hablaba *sobre* mí. Era duro. Había estado trabajando algunos recursos técnicos durante mucho tiempo sin resultado; era muy frustrante, por decirlo suavemente. Si Michael podía ayudarme con este problema, estaría listo para rendirme ante él de nuevo.

—Quiero aprender a usar mi pulgar como una púa de la forma en que tú lo haces —dije, moviendo mi mano arriba y abajo—. He estado trabajando en esa técnica de doble pulgar muchísimo tiempo.

—Piensas en el doble pulgar como una técnica nueva, y eso lo hace difícil para ti —explicó—. Si lo piensas como una técnica antigua, que los guitarristas han usado durante décadas, te resultará fácil. Te estás limitando a ti mismo.

Volvió a simular que agarraba las barras de una celda. Sacudió las barras, lo que me recordó su comentario anterior.

—Lo primero que debes decirte a ti mismo es que ya puedes usar la técnica —continuó—. Una vez que lo hagas, habrás dado un paso de gigante antes de empezar. El paso final es convencer a tus manos de que también saben lo que tienen que hacer. —Miró sus manos como si les estuviese hablando. Entonces levantó la vista hacia mí y me hizo una pregunta:

—Si estudiases esta técnica veinticuatro horas al día durante toda una semana, ¿crees que serías capaz de hacerla?

—Por supuesto que sí.

—Entonces, ¿por qué gastar años aprendiendo algo que sabes que podrías aprender en una semana?

—Eh… esto… bien… si yo… mmm… —No tenía una respuesta, así que Michael siguió hablando.

—Al final de esa semana, ¿qué habría cambiado en ti? ¿Serían más grandes tu pulgar, tu mano o los músculos de tu brazo? ¿Sería más gruesa la piel de tus manos? ¿Qué sería diferente en ti, una semana después, que te permitiría hacer lo que no podías hacer antes?

—Bueno… —Pensé por un momento antes de responder—. No creo que mis músculos cambiasen demasiado en ese período tan corto de tiempo. Quizá estuviesen doloridos, pero no serían más grandes. Creo que la principal diferencia sería la coordinación. Sí, me sentiría más coordinado al final de la semana.

—De acuerdo, coordinación —murmuró—. ¿Qué es la coordinación?

Me miró como si estuviese confundido, lo cual me confundió a mí. Descansé la cabeza en las manos e intenté pensar. Era la primera vez que me hacía esa pregunta. Me quedé en silencio, incapaz de responder.

—¿Qué es la coordinación sino una forma de convencer? —preguntó, extendiendo las manos y encorvando los hombros.

—¿Qué?

—¿No es la coordinación una forma de convencer? —preguntó de nuevo.

—¿Qué quieres decir?

—A través de la práctica y la repetición, ¿podría ser que sólo estuvieras convenciendo a tus músculos y tu mente de que ya saben lo que tienen que hacer? Quizá esa es la función primaria de la práctica.

—Eh, quizá sí —respondí, al tiempo que trataba de seguirle.

Me señaló con su largo dedo índice y continuó. «A ver, ¿qué crees que pasaría si te convencieses a ti mismo, al principio de tu búsqueda? En otras palabras: antes de que empieces a practicar algo, convéncete a ti mismo de que puedes hacerlo. ¿Qué pasaría entonces? Te lo diré. Dependiendo de lo bien que fueras capaz de convencerte, tu tiempo de estudio se reduciría a la mitad. Usa todo el potencial de tu mente, y la práctica será algo del pasado. ¿Cómo crees que puedo tocar cualquier instrumento que quiera? ¿Crees que los he estudiado todos? ¿Te imaginas a un maestro como Buda teniendo que estudiar antes de poder tocar el bajo?»

Sacó la barriga y tocó un bajo imaginario. Era una imagen graciosa, pero no había tiempo para sus frivolidades. Tenía que borrar de mi mente la visión del Buda tocando el bajo. Había mucho más que aprender.

—Esa idea suena interesante. Y tiene mucho sentido; pero es una fantasía, ¿no? No es verdad. Cuesta creer que pueda hacerse. Es decir, ¿puedo convencerme a mí mismo lo suficiente como para no tener que practicar?

—¿Puedes? —replicó, de esa manera suya que ya me iba siendo familiar.

—¡Para! —respondí, de la forma que también me iba siendo familiar—. Limítate a decirme la verdad.

—¿Verdad? ¿Qué es la verdad? La verdad la eliges tú. Tú formas tu verdad; nadie más. Si te dices que lleva mucho tiempo aprender algo, será así. Sitúate con convicción al final del camino y te verás a ti mismo recordando el principio. Todo depende de ti.

Él parecía convencido. Pero yo no lo estaba. Me señaló con el dedo y continuó hablando.

—Pero deber saber esto: no puedes engañarte a ti mismo. No puedes decirte tibiamente que puedes hacer algo y esperar después ser capaz de hacerlo. Debes ser honesto. A todos los niveles de tu ser, debes saber de lo que hablas. Si quieres practicar algo, hazlo sabiendo que puedes hacer cualquier cosa en la que te centres. No practiques creyendo: ¡practica sabiendo!

—Muy bien, ¿cómo se supone que debo hacer eso?

—¿Cómo se supone que debes hacer eso? —Levantó una ceja e hizo una pausa.

Odiaba que contestase mis preguntas con la misma pregunta, y él lo sabía. Creo que se sentía orgulloso de poder frustrarme con tanta facilidad. Como sabía que no le iba a responder, continuó... continuó frustrándome, quiero decir.

—Hay un millón y medio de formas diferentes de hacerlo. ¿Cuál estás buscando?

La frustración me hizo dar una respuesta sarcástica. «Sólo me interesa la ochocientos cuarenta y dos».

—Ah, esa. No sé si estás preparado para esa. —Bajó la cabeza como si realmente estuviese pensando en ello. Pude ver que sonreía. Eso me molestó.

—Deja de marearme —grité, perdiendo la calma y golpeando sobre el capó del coche con el puño—. Me sueltas este sinsentido sobre cómo puedo aprender a dejar de practicar y entonces me dejas así. Enséñame algo útil.

Michael habló en un tono inusual. «Hum, la necesidad de practicar, cuando estés listo perderás, no antes, y no después».

—¿Qué se supone que significa eso?

—No lo sé. Sonaba bien, como algo que Yoda diría, así que he pensado que sonaría bien. Me gusta Yoda, ¿a ti no? Recuerdo que estaba viendo *Star Wars* por primera vez cuando...

Esta vez le interrumpí, levanté la mano y se la puse en la cara.

—¡Vamos, ya está bien! Deja de jugar conmigo y ve al grano. Dime cómo puedo aprender más rápidamente. No necesito librarme completamente del estudio. Sólo quiero aprender más rápidamente. ¿Puedes darme una herramienta concreta que pueda usar, o no?

Se dio cuenta de mi severidad, pero no tenía intención de dejar de jugar conmigo.

—De acuerdo, de acuerdo, tranquilízate —respondió—. Ya veo, tú quieres sentarte en la banda mientras yo marco todos los goles por ti. ¿No es más divertido estar *dentro* del juego?

—¡Michael! —grité—. ¡Ya basta! —Salté del capó e hice como si fuese a irme. No fui convincente y lo sabía, así que volví y pataleé como un niño, lo que le hizo reír. Eso me irritó aún más—. ¡Deja de jugar y ayúdame! —supliqué.

—De acuerdo —concedió, aún sonriendo—. Seré serio, pero sólo por un rato.

—Gracias. —Me sentí un poquitín victorioso.

—Pregúntate algo suficientes veces y la respuesta aparecerá —replicó Michael—. Y dado que eres un tío majo, voy a ayudarte.

—¡Ya era hora! —gemí.

Michael se me acercó dando un paso y puso una mano en mi hombro. Me miró a los ojos y habló. «Sabemos que los buenos recursos técnicos son necesarios, pero la mayoría de nosotros no tenemos buenos recursos técnicos para aprenderlos. Ya te he dicho la mayor parte de lo que necesitas saber». Asintió, se dio la vuelta y simuló alejarse. Fue más convincente que yo. Me entró el pánico.

—¡Espera un minuto! ¡Para! ¿Lo has hecho? ¿Qué quieres decir? —pregunté, mientras trataba de superar mi frustración para recordar lo que había dicho.

Se sentó en el suelo y procedió a ponerse las botas.

—Recuerda —dijo—: empieza por saber que ya puedes usar la técnica. Creerlo no funcionará; debes saberlo con todo tu ser. Es muy útil usar la «concentración» para centrar el objetivo y proyectar tus pensamientos, y también aprender a usar la «no concentración». Eso abrirá tu mente a todo aquello que tienes a tu disposición. Debes saber cómo y cuándo usar ambas herramientas para conseguir los mayores objetivos. Entiendes eso, ¿no?

—No —respondí, aún algo confundido.

Dejó sin atar las cordoneras, se puso de pie y se acercó aún más a mí. Cuando habló, lo hizo lentamente, mostrando la paciencia de un santo. «Si tengo un pasaje musical que quiero tocar, pero aún no poseo la técnica necesaria, me centraré en esa técnica lo suficiente como para entender los movimientos exactos requeridos para hacerlo de la forma más eficiente. Después de eso, que no suele llevar mucho tiempo, vuelvo mi atención hacia mi mente, donde está la Música. En otras palabras, libero la técnica. La dejo ir. Me desconecto de ella. Una vez hecho eso, la técnica suele desarrollarse rápidamente por sí misma. Si no lo hace, le presto a la técnica un poco más de atención. La clave es esta: nunca pierdo de vista mi auténtico objetivo, que es hacer Música. Este es el mismo método que uso para hablar. Rara vez pienso en la técnica del habla: sólo hablo».

—Por fin, algo que entiendo —afirmé con alivio, y dando a entender que la mayor parte de lo que había dicho me resultaba confuso.

—Pues prueba esto —ofreció—. La próxima vez que fijes la mente en aprender algo, actúa como si ya pudieses hacerlo. Pregúntate, «¿cómo sonaría si ya dominase esto?» Entonces, ¡hazlo! Si lo haces de forma sincera, quizá no tengas que empezar desde el principio del ciclo de aprendizaje. Puedes saltarte algunos pasos.

—¿Se pueden saltar pasos? —pregunté—. ¿No me arriesgaré a perderme algo?

—Si te saltas pasos puede que no seas tan minucioso; pero cuanto mejor aprendas a usar tu mente, más conocimiento atraerás sin importar los pasos que te saltes. En tanto en cuanto estés siempre escuchando, no deberías tener problemas.

Se acercó otro paso, hasta casi tocar mi nariz con la suya. La energía que brotaba de sus ojos marrones me alertó de la importancia de lo que iba a decir. Dichas casi en un susurro, sus palabras me produjeron un escalofrío.

—Ya estemos hablando de Música o de la Vida, una buena técnica es importante. Debes entender que no es suficiente sólo con aprender recursos. Debes hacer una elección, una elección consciente para tomar un camino u otro. Para bien o para mal, ambos son estrechos; y una vez estás en uno de ellos, es difícil hacer un cambio de sentido.

»Has de saber que la mente es una herramienta poderosa, y que su poder puede responderte positiva o negativamente. Aprender a usarla completamente es algo que no debería tomarse a la ligera. Aquí es donde la técnica, la intención y la atención entran en juego. Mucha gente ha sido absorbida por el agujero negro de la mente y nunca ha vuelto.

Con ese comentario, se subió al coche y cerró la puerta. Señaló la ventana y me dio las últimas instrucciones:

—No olvides apagar el fuego: el del suelo *y* el de tu cabeza.

Miré a la hierba. Las brasas habían hecho que ardiera en llamas.

—Ese será fácil de apagar —pensé en voz alta. Le oí reírse dentro del coche.

Mientras saltaba pisando las llamas, pensé en lo que me había dicho. No sabía por qué, pero sonó como si el profesor hubiese advertido al estudiante.

Pero... ¿advertirle de qué?

EMOCIÓN/SENTIMIENTO

Cuando un niño hace Air Guitar no toca notas incorrectas.

El dulce olor a cedro quemado llenaba el coche. El aroma, como de incienso, calmó mis nervios, liberó mi mente y la hizo receptiva a la clase que había tenido lugar en esta sala de meditación portátil hecha de ruedas y acero. Pienso mucho mejor cuando conduzco. Aunque no habíamos dicho una palabra desde que el coche empezó a moverse, aún estaba absorbiendo todo lo que me había contado previamente. Como aún nos quedaban unos treinta kilómetros para llegar, ya quería más. Me sentía en forma, así que le pregunté otra vez por los elementos de la música.

—Hemos hablado de los diez que vamos a explorar —contestó Michael—, y ya hemos visto tres de ellos. Vamos a revisarlos, ¿de acuerdo? Hemos explorado las doce *notas*. Ya no deberías tenerles miedo. A través del *bluegrass* y el rastreo, puedes dar con las palabras que viven dentro de cada nota. Esto puede entrar en la categoría de la *articulación*. Al hacer fuego, hemos tocado el tema de la *técnica*. ¿Qué elemento de la Música te gustaría abordar a continuación?

Ya tenía una idea. «En lo alto del montículo hablaste de sentir la belleza. Dijimos que el sentimiento sería uno de nuestros elementos, y yo relaciono sentimiento con emoción. ¿Cómo encajaría la emoción en nuestra lista? ¿Puedes hablarme de eso?»

—La emoción es una fuerza poderosa —afirmó Michael—. La E significa «energía», y «moción» significa «actividad». Así que la emoción se puede ver como «energía en movimiento» o «energía activa». Si juegas con las vocales, pueden sacarse significados escondidos de muchas palabras. Visto de otra forma, moción, o ma-ción, es «la madre de toda vibración». Ahora ya sabes el poder que tiene esa palabra. La emoción es un elemento clave en la Música y en la Vida.

Michael hablaba otra vez de forma extraña. Sabía que no me iba a dejar mucho tiempo así, con lo que me quedé a la espera, a ver si decía algo que pudiese entender.

—La emoción, dirigida de la forma correcta, puede hacer que pase cualquier cosa. Un músico mediocre puede ganarse al público sólo a base de emoción. Recuerda que cualquiera de los diez elementos, llevado al máximo nivel, puede usarse de forma que oculte el hecho de que al músico le falta habilidad en los otros nueve.

»Cuando un niño hace Air guitar no sabe de técnica ni de teoría musical y probablemente no tenga siquiera una guitarra de verdad, pero no toca notas incorrectas. El puro disfrute que transmite oculta cualquiera de sus limitaciones. Es emoción en acción.

»La naturaleza de los músicos de blues es parecida —continuó Michael—. No suelen ser los mejores técnicamente; casi siempre son autodidactas y puede que sólo sepan unos pocos acordes, pero tienen muchísima alma. Si tocas cualquier compás de blues auténtico, sientes la emoción al instante. Eso es lo primero que se encuentra en su música. El público siente la «autenticidad» de lo que el músico está haciendo.

»Con los músicos ciegos pasa lo mismo. ¿Te has fijado alguna vez en que todos los músicos ciegos tocan con una buena dosis de sentimiento? No algunos: ¡todos! ¿Y por qué cuando un músico ciego se hace famoso lo sigue siendo? Piénsalo». Cerró los ojos y movió el cuerpo adelante y atrás en el asiento antes de continuar. «A un músico ciego famoso le escucharán tanto tus padres como tus hijos. ¿Por qué? Te lo diré. Es porque su Música tiene una tremenda cantidad de auténtica emoción, y eso es lo que transmite a su público.

Nunca había pensado en ello así, pero sabía que lo que decía sobre los músicos ciegos era verdad. Siempre que quería pensar en algo o sentirlo profundamente solía cerrar los ojos. A veces, los cerraba para escuchar mejor. Incluso la comida sabe diferente con los ojos cerrados. Usar está técnica también me permitía aumentar la sensibilidad de las manos mientras buscaba las llaves del coche en el fondo de la bolsa. Caí en la cuenta de que cerrar los ojos era una herramienta que yo solía usar, si bien de forma inconsciente.

Pensé en todos los músicos ciegos con los que había tocado. Michael tenía razón; todos tocaban con muchísima emoción. Ninguno de ellos era un músico de virtuosismo vacío. Incluso mi compañero de cuarto ciego del instituto tocaba el piano con un *feeling* natural. A todos les encantaba oírle tocar. Y ahora que lo pienso, todos los músicos ciegos que conozco también saben cantar. Me pregunté si había una correlación.

El caso es que lo que decía Michael tenía sentido. En ese momento me habría gustado cerrar los ojos para escucharle mejor; pero dado que iba conduciendo, me lo pensé dos veces. Me limité a abrir bien los ojos y la mente (y a cerrar la boca) cuando Michael siguió hablando.

—Bien, los músicos de blues suelen cantar sobre todas las cosas negativas que les han pasado. La mayoría de los oyentes puede identificarse con sus historias, y por eso el oyente también se emociona. Las emociones del oyente quedan atrapadas en las del músico y ambas se mezclan; así obtienes lo que yo llamo *combinación de emociones*.

»*Una combinación de* emociones es lo que tiene lugar cuando dos personas se enamoran. También es lo que un vidente puede usar para leerte el pensamiento o lo que un político suele usar para imponer su voluntad sobre el ciudadano. Dos o más personas que combinen sus emociones positivas pueden hacer que ocurran cosas milagrosas. Lo opuesto es también cierto. Dos o más personas combinando emociones negativas pueden causar catástrofes:

desde enfermedades a guerras mundiales, desde crucifixiones a centros comerciales». Michael seguía estando serio; pero yo no pude evitar reírme.

»La emoción descontrolada puede llevarte a una espiral sin control. La causa de esta espiral caótica suele ser difícil de reconocer hasta que es demasiado tarde. La mayoría de veces, esta falta de control se manifestará en la Vida del músico antes de aparecer en su Música. ¿Conoces a algún músico que pudiese entrar en esta categoría?

—Claro que sí. —Podía pensar en al menos diez músicos que se ajustaban a la descripción; y eso a botepronto, algunos músicos profesionales y unos cuantos amigos míos. Todos tenían un talento increíble. Muchos de los que eran famosos habían influido incluso en la forma en la que concebimos la música. Pero todos parecían perder el control por alguna razón. Podías escuchar la lucha en la música de algunos de ellos, pero en la de otros no había ni rastro. ¿Era un balance químico, un rasgo mental heredado o el resultado de una drogadicción? ¿O era como Michael decía y simplemente habían perdido el control de sus emociones?

Michael continuó: «A un político no se le permite emocionarse demasiado en público, así que lo que hace es dejar sutiles indicios que, con el tiempo, hacen que la gente se emocione. Una vez que hay un grupo suficientemente grande de gente que genera las mismas emociones, el político puede usarlas para dirigir al ciudadano en la dirección que quiera. El miedo es una emoción que suele usarse de ese modo. Un político astuto sabe que, si puede infundir miedo en el suficiente número de personas, esa gente renunciará a lo que realmente quiere para darle al político lo que él les dice que necesitan».

»Lo mismo ocurre con los predicadores, pero ellos suelen adoptar el enfoque contrario y usan una técnica ligeramente distinta. Para ser considerado un buen predicador, uno debe mostrar *mucha* emoción. No importa si es genuina o no; es la cantidad lo que importa. Muestra tanta emoción cuando da un sermón que hipnotiza con ella a su congregación. Llega un punto en que están tan atrapados que dejan de prestar atención a lo que el predicador dice. Eso permite a algunos predicadores no decir nada de nada y aun así conseguir que la gente diga "amén".

»¿Te has dado cuenta alguna vez de que la iglesia suele ser el edificio más caro del vecindario? ¿Por qué es eso? Mucha gente lee la Biblia. Si el predicador habla de lo que viene en la Biblia, ya sabes lo que va a decir. ¿Qué te hace darle tu dinero? "Oh, se lo estoy dando a Dios", dirán. Y ¿qué va a comprar Dios? "No, quiero decir, se lo doy a la iglesia, pago mi diezmo." Si Dios está en todas partes, ¿no deberías poder pagar tu diezmo en todas partes? Te digo que ya sea amor, miedo o algo intermedio, ¡es emoción!

Lo que dijo me tocó la fibra. Me trajo a la mente un viejo recuerdo de una época en la que el pastor local me señalaba en la iglesia por no tocar su versión de la música góspel. Me montó un buen pollo delante de toda la congregación. Yo me quedé callado. Lo había dicho con tanta emoción que me impresionó que estuviese hablando de mí. ¿De quién es la culpa de que tú no puedas escuchar el góspel en mi música o reconocer el góspel en mi talento?, recuerdo que pensé. ¿De dónde viene mi talento? ¿De dónde viene el talento? Ya sabía lo que me respondería incluso aunque el pastor actuase como si no lo supiera. Muchos de los miembros de la iglesia eran amigos míos, pero ninguno salió en mi defensa.

Me senté en la iglesia con una mezcla de vergüenza, humillación y traición; pero por algún motivo, incluso aunque era muy joven, también sentí una especie de autoafirmación. No permití que las palabras del pastor me afectaran demasiado. El hecho de que me señalase por mi música me hizo ver que lo que hacía era poderoso. Mamá y papá siempre me dijeron que la iglesia estaba dentro de mí, no dentro de un edificio. Me sentí bien conmigo mismo por saber lo que sabía. Obviamente, nunca volví a esa iglesia.

Me sentí más «en misa» pasando tiempo con Michael. Había estado hablando todo el tiempo sobre el poder de la música. Aquel recuerdo del pastor me ayudó a entenderlo. Deseé que los representantes de la iglesia pudieran recibir las enseñanzas de Michael. Los funcionarios públicos también podrían beneficiarse de pasar un día con él. Me imaginé a Michael presentándose a un funcionariado. Podía verle de pie frente a una gran muchedumbre dando su discurso: «¡Votad por mí, o no me votéis, y no os prometeré nada!».

Como si estuviese leyendo la historia en mi mente, Michael dejó que mis recuerdos se disipasen antes de continuar por donde lo había dejado.

—Mucha gente desconfía de los políticos por su falta de emoción. Muchos predicadores, por otro lado, muestran tanta emoción que hacen que se dude de su autenticidad. Esto causa más desconfianza. Y la gente suele acertar en ambos casos.

»Ahora, escucha lo que voy a decirte: no hay que creer en los músicos. No hay que confiar en nosotros. Nuestra música habla por sí misma sin que el oyente tenga que saber nada de nosotros. La música toca las emociones de la gente de una forma que ninguna otra cosa puede hacer. Cuando alguien encuentra a un músico que le gusta, se hace fan de por vida. Si le gusta el músico y su música, abrirá su corazón a cualquier cosa que el músico tenga que decir. No importa de qué país vengan el músico o el fan. La música es un lenguaje que todo el mundo entiende. Va más allá de las barreras y las rompe. Esto hace al músico muy poderoso, y con el poder viene la responsabilidad.

La idea de volverse más poderoso a través de la música era interesante; pero cuando pensé en ello, no me sentí nada poderoso. Ni siquiera podía pagar el alquiler. Iba a hacer un comentario, pero Michael aún no había terminado.

—Creamos y liberamos emociones poderosas dentro de nosotros mismos y de los demás en un ámbito llamado entretenimiento. La palabra «entretenimiento» puede querer decir que uno ha «entrado a obtener» (implica también «redención»), o «en ti mismo». También podrías llamarlo en-tonada-mente. Lo llames como lo llames, debes saber que representa un nivel superior. Así que, cuando participas como espectador, quizá estés viendo a alguien que ha llegado a ese nivel. Pero no sólo estás mirando: el artista te permite seguirle hasta ese nivel. Si lo haces, os permite a ambos alcanzar niveles aún más altos. Como espectador, puedes empujar al artista hacia esos niveles superiores. Un gran artista te puede llevar hasta allí con él.

—Eso suena genial —dije.

—Puede ser una experiencia extraordinaria, pero debes tener cuidado de con quién te mezclas. Un artista con altos niveles de negatividad que saca fuera esas emociones puede hacer que toda la gente que se mezcle con él cree y extienda inconscientemente cantidades increíbles de energía negativa. Debes tener muchísimo autocontrol antes de intentar algo así. Este tipo de entretenimiento quizás sea divertido, pero debes saber con quién tratas cuando se trata de mezclarte.

»Lo genial del entretenimiento es que es una elección. No es como la política, donde se supone que somos antiamericanos si no tomamos partido, o la religión antigua, en la que durante miles de años se nos dijo lo que pasaría si no hacíamos algo. La música sigue siendo una elección, libre y sin trabas. Esto es precioso para algunos y aterrador para otros.

Me resultaba difícil entender cómo podría la libertad musical asustar a nadie, pero sabía que lo que estaba diciendo era verdad. Era esa misma libertad la que hizo que el pastor me señalase en la iglesia. Muchas veces, se ve amenazada y desafiada por el sistema político que compone el negocio musical. La radio solía conducirla el ciudadano. Ahora la conduce el negocio. Parece que los artistas tienen que trivializar su música para tener éxito. Esto hace que muchos grandes músicos sacrifiquen su libertad para conseguir que su música suene en la radio. ¿Era así en el pasado? Me pregunto si fue el miedo lo que causó el cambio. ¿Cómo y por qué tendría nadie miedo de la música?

Una vez más, como si estuviese leyendo mis pensamientos, Michael habló. «Los políticos saben los poderosos que los músicos y la música pueden llegar a ser. Ese es el motivo de que, incluso hoy en día, los políticos tengan archivos secretos de ciertos músicos. Jim Morrison, Elvis Presley, Jimi Hendrix, Bob Marley y muchos otros estuvieron en los archivos gubernamentales. Puede que incluso tengan un archivo de ti algún día». Michael me guiñó un ojo y sonrió.

—¿Un archivo mío? Espero que no. ¿Por qué narices querrían tenerlo? —No podía imaginarme algo así.

—En 1968 —continuó Michael—, para prevenir una revuelta, el presidente Johnson pidió a James Brown, un músico, que se dirigiese a la gente después de que el Reverendo Dr. Martin Luther King Jr. fuera asesinado. Mr. Brown, hablando a las masas, fue capaz de hacer lo que ningún político pudo: les calmó. Después de aquello, James Brown afirmó que el gobierno le consideraba como uno de los hombres más peligrosos del mundo. Estuvo bajo estrecha vigilancia durante mucho tiempo por hacer lo que le pidieron. El gobierno pensaba que si podía detener una revuelta con facilidad también sería capaz de iniciar una. Piensa en ello. James Brown, un artista, era capaz de alterar las emociones de miles de personas. ¿Cómo lo hizo? Es fascinante pensarlo.

Eso me hizo pensar en cuando vi a James Brown en concierto de niño. Fue uno de los conciertos más increíbles a los que he asistido. Se convirtió en mi músico favorito. Se metió al público en el bolsillo y les llevó al éxtasis. Era como estar en misa. Nunca imaginé que su habilidad pudiera considerarse peligrosa, pero ahora empezaba a entenderlo.

—Los representantes de la iglesia también conocen el poder de la música —dijo Michael—. Muchos de ellos intentan tener el mejor coro y banda posibles, y cuanto más grandes mejor. ¿Por qué? Porque saben que la iglesia que tenga el mejor coro tiene la congregación más grande. Hay gente que elige su iglesia basándose en la calidad o cantidad de la música, y es por eso por lo que suelen ir a misa.

»Las figuras del deporte son parecidas a los músicos. También tienen un poder universal para llegar a millones de personas e influir en ellas. ¿Sabías que, por el año 1972, dos países africanos que estaban en guerra acordaron una tregua un día para que ambas partes pudiesen ver un partido de fútbol de Pelé? Piensa en ello», dijo, señalándose la cabeza con un dedo. «Un atleta detuvo una guerra durante un día. La mayoría de los políticos no pueden hacer nada parecido. Pues eso», me señaló a mí, «eso es poder».

»La única diferencia con el deporte es que está de por medio la competición. Eso puede causar desunión entre los atletas y sus fans. Al igual que en la política, puede enfrentar a una persona con otra, únicamente por el equipo al que se apoya. Aunque un gran atleta puede hacer que una persona vaya más allá de esa desunión, no hay una cualidad negativa como esa integrada en la Música.

—¿Cómo puedes decir eso? —pregunté—. Las compañías musicales siempre están compitiendo entre ellas, intentando hacer más dinero. Se pelean incluso por las horas de difusión, e intentan que sus artistas sean más populares que los demás. ¿Qué pasa con eso?

—Estás hablando del negocio, no de la Música —respondió—. Cuando vamos a un concierto de música no vamos a competir. Cuando ponemos un disco no estamos intentando ganar. La música va más allá.

De nuevo tenía razón, y asentí para reconocérselo.

—Imagina usar ese tipo de poder de forma constructiva —continuó—. Los músicos y los atletas tienen la capacidad de hacerlo. Por eso es importante para el atleta ir más allá de la necesidad de ganar. Entonces, todos sus fans estarán de su lado. Mira: el factor competitivo es virtualmente inexistente para el fan de la Música, y eso le permite expresarse y mezclar las emociones sin miedo al ridículo o la vergüenza. Cualquiera que pueda hacer a otra persona expresarse libremente es poderoso porque permite a todos los implicados reconocer su poder individual y colectivo. De nuevo, esto es precioso para algunos y aterrador para otros. —Sonrió y extendió las manos—. Bienvenido al mundo del músico.

«El mundo del músico». ¡Guau, era emocionante! Oír esa información me hizo entender la importancia y el poder potencial de la música. Pensé en cómo usaría ese poder si lo tuviese. *Podría ser como Elvis. Podría ser el rey del bajo*, fantaseé en broma. Me gustaba la idea de usar la música de forma poderosa, pero me molestaba pensar que los músicos o la música pudiesen asustar a nadie. La verdad, no llegaba a entenderlo. La posibilidad de ser espiado por el gobierno, tal como Michael lo describía, me inquietaba. Eso no podría pasar hoy día en nuestra era, ¿no? Pensar en otro Rey que había sido asesinado a causa de su poder me devolvió a la realidad.

—Michael, no quiero asustar a nadie con mi música, pero quiero saber más sobre el mundo del músico. Si la música es realmente poderosa, ¿cómo puedo desarrollarlo hasta ese nivel tan alto que dices? Has hablado de emoción. Si este poder se desarrolla a través de la emoción, ¿cómo lo desarrollo y lo expreso con mi música de forma positiva?

—¡Intención! —contestó sin dudarlo—. La intención es la clave de todo.

—¿Qué quieres decir?

—Las emociones son naturales. Siempre las has tenido y nunca te librarás de ellas. Yo veo mis emociones de la misma forma que veo los errores musicales. Intentar librarte de ellos o controlarlos puede parecer una tarea imposible. Aprende a reconocerlas y a entender lo que tienen que decirte. Sólo entonces podrás trabajar de forma efectiva con tus emociones y usarlas. Cómo hacerlo es ya cosa tuya. Ahí es donde la intención entra en juego.

»La intención pura y honesta puede sacar la belleza de cualquier emoción. Y al igual que ocurre con las notas, hay todo un mundo de belleza dentro de cada una. La técnica adecuada puede ayudarte a comprender cada emoción y aprender a usarla. Ahora puedes empezar a ver como los diferentes elementos de la música se interrelacionan y ayudan unos a otros.

—Pero ¿cómo uso la intención? —pregunté—. Aún no me lo has dicho.

—Tú ten buen corazón. Eso es todo.

Esperaba una respuesta más complicada. Michael se detuvo para dejar que me empapase de su simplicidad. A veces podía explicarme un concepto durante horas; y otras veces, sólo con unas pocas palabras obraba el milagro. Después de que sonreí y asentí para hacerle ver que lo entendía, continuó.

—Es como confiar en que la corriente del río te lleve donde quieres ir. Luchar contra la corriente podría ser desastroso. En cada situación, ya sea en la Música o en la Vida, tómate un momento para cerrar los ojos y sentir cómo la corriente de tu corazón te lleva hacia donde tienes que ir. Cuando tu consciencia se desarrolle, no necesitarás volver a cerrar los ojos. Sentirás el empuje de la corriente de tu corazón y te llevará con los ojos abiertos, lo que te permitirá ver todo un impresionante escenario a tu alrededor. Te digo esto: si puedes seguir la corriente en todo momento, no tendrás nada de qué preocuparte, nunca.

—¿Nunca? —pregunté.

Ignorando aparentemente mi pregunta, Michael bajó la ventanilla e hizo que la fría brisa de otoño llenase el interior del coche. Por primera vez, sentí que estaba tomándose su tiempo para pensar en algo que decir.

Con su larga melena al aire fuera de la ventana, se volvió y me preguntó: «¿Por qué haces música?» Antes de que pudiese contestar, continuó. «¿Es sólo con la intención de mejorar? Si es así, todas las fuerzas de tu ser vendrán a ayudarte. Pero si tu verdadera intención es hacer que todos los músicos mejoren, como otros músicos han hecho antes de ti, las fuerzas de *todos* esos seres vendrán en tu ayuda. El mismo espíritu de la música en persona estará a tu lado. Ahora escucha con atención». Michael se inclinó y me susurró al oído: «Esfuérzate en hacer toda la vida mejor, y todo el poder de la vida te apoyará. Con este poder de tu lado, nunca tendrás nada de qué preocuparte». Sonrió, se dio la vuelta y se puso a mirar por la ventanilla.

Salimos de la autopista en dirección a un área llamada Music Row. Esta pequeña zona es la sede de la mayoría de sellos musicales de Nashville, estudios de grabación y negocios relacionados con la música. Hay incluso una capilla para bodas. Pasamos por un edificio de oficinas en el que se leía este anuncio: «Crear música es nuestro oficio».

Michael señaló el anuncio y continuó con su monólogo:

—La música ya está viva. Tú no la creas. Así que, si esa es tu intención, te estás equivocando. No puedes crear música, al igual que no puedes crear un niño. La música, como los niños, ya existe en algún sitio de forma plena. Darte cuenta, reconocerlo, es tu trabajo. Así que, en otras palabras, re - reconoces. Conocer significa ser consciente de algo, así que la palabra reconocer implica que tú eras previamente consciente. Eso es importante. Tú ayudas a re - crear la integridad de la Música trayéndola a la existencia en este plano. ¿Lo entiendes?

—Estás introduciendo tantos conceptos nuevos y tan deprisa que ya no sé lo que entiendo.

Michael se rio.

—Míralo de esta forma. Es parecido a lo que Miguel Ángel dijo una vez cuando le preguntaron cómo había podido crear unas estatuas tan hermosas. «Yo no las creé», respondió. «Ya estaban ahí. Yo solo quité el mármol sobrante que las rodeaba».

—Eso me gusta, y lo entiendo —contesté—. Es una forma bonita de verlo.

—Era un hombre sabio —dijo Michael, a la vez que pintaba en el aire con el dedo—. Él entendió, como debes hacer tú, que no creaba nada. Si no re - conoces eso, estás con - fundido, y puedes acabar a oscuras. Sigue la corriente de tu corazón, y re - cordarás cómo tocar musicalmente.

Continuó hablando y transformó su dedo de pintar en una batuta de director. Agitaba ambas manos al ritmo de una música inaudible, dirigía mientras hablaba. Su tono era más juguetón.

—Si divides la palabra «musicalidad» en dos, se convierte en música - aliad. ¡Eso es! Toca con musicalidad, y te conviertes en un aliado de la música. De hecho, ayudas a la música a hacer lo que tiene que hacer. Lo mismo ocurre con la Naturaleza. Si tocas y actúas con naturalidad te conviertes en un aliado de la Naturaleza, un amigo, un asistente y un colaborador de la Naturaleza.

»La palabra «natural» significa «que tiene las características de la Naturaleza», pero también significa «sin sostenidos ni bemoles». Quizá así veas por qué hablo de música y naturaleza al mismo nivel. Son lo mismo, y todos deberíamos querer ser sus aliados. La pura intención, combinada con la emoción, es la mejor manera de hacerlo. ¿Me entiendes?

¡Guau!, pensé, sin contestar en voz alta. Rara vez estaba serio tanto tiempo. Quizá había sido el paseo en coche, o quizá es que estaba de buen humor. No lo sabía. Yo estaba feliz escuchándole. Me senté y conduje completamente absorto todo el tiempo. Incluso aunque me cuestionaba parte de la información, no quería perderme una palabra. Nunca sabía de dónde venía su conocimiento, y supongo que no me importaba. Era todo muy interesante. A veces sabía que decía algo solo para hacerme pensar, pero me parecía bien porque lo conseguía. Los 32 kilómetros y pico que habíamos conducido se me hicieron cortísimos. En ese breve espacio de tiempo me había dado suficiente para estar pensando durante toda una vida.

Después de llegar a mi casa y aparcar el coche, Michael salió y cogió una roca. La sostuvo en sus manos unos segundos y después la puso en el capó de mi coche. Me pidió que cogiera cuatro rocas más de un tamaño similar y las pusiese también en el capó. No tenía idea de lo que iba hacer, pero hice lo que me pidió y esperé en silencio. Se dio la vuelta, cerró los ojos y me pidió que moviese las cinco rocas de tal forma que todas estuviesen en sitios diferentes, y no hubiese forma de saber dónde había puesto cada una. Me pidió que tomase nota mental de dónde estaban.

Con los ojos aún cerrados, se dio la vuelta, volvió al coche y cogió inmediatamente su roca. Yo estaba atónito. Sin abrir los ojos, me dio la roca y me pidió que las volviese a colocar. Se dio la vuelta, y puse las rocas en un orden diferente separándolas aún más. Lo hice tan silenciosamente como pude. No creí que pudiese adivinar dónde ponía su roca por el sonido que hacía, pero ¿quién sabía con este tío? Para mi sorpresa, repitió la prueba cuatro veces más con total exactitud.

Su habilidad me asombraba. No me cabía en la cabeza cómo podía conseguirse algo así. Sabía que no estaba mirando porque vigilaba sus ojos. *Este tío es increíble.*

Me pasó las rocas y dijo: «Tu turno».

—¿Cómo voy a hacer eso? —pregunté. Antes de que pudiese responder a mi pregunta con la misma pregunta, volví a hablar—. Lo sé, lo sé. ¿Cómo *se* supone que voy a hacer eso?

Se quedó mirándome en silencio con una ligera sonrisa en la cara.

—¡Por favor! —rogué.

—Elige una roca y vierte tus emociones en ella. Háblale y deja que te hable.

Extrañamente, esas fueron las únicas directrices que me dio. Me quedé esperando más ayuda. Él, a su vez, se limitó a mirarme.

Sin saber qué más hacer, cogí la roca y la sujeté en mis manos acariciándola suavemente, como si le estuviese dando un masaje. Traté de reunir todos los sentimientos que pude y verterlos dentro de la roca. Me sentí tonto. No sabía lo que estaba haciendo, y Michael lo sabía. Después de medio minuto, le dije que ya estaba listo. Sonreí para ocultar mi inseguridad, dejé la roca y me di la vuelta. Cuando las rocas estuvieron colocadas, cerré los ojos y me aproximé al coche. Una vez se hubieron pasado el dolor y la vergüenza de golpearme la pierna contra el parachoques del coche, me puse a buscar mi roca.

—¡Mal! —dijo, al tiempo que intentaba contener la risa. ¡Otra vez!

Dejé la roca a un lado y lo intenté de nuevo.

—Mal otra vez. Sólo te quedan tres rocas.

Cuando la cosa se redujo a dos rocas, acabé acertando. Abrí los ojos con decepción.

—Muy bien —dijo—. La próxima vez, hazlo al primer intento.

Antes de que tuviese ocasión de protestar, me devolvió la roca y me instó a pasar más tiempo con ella.

—Tómate todo el tiempo que necesites. No tenemos prisa. Manejar las emociones puede ser como hacer malabares. Cuantas más bolas tienes, más difícil se vuelve. Esta vez, póntelo fácil. Céntrate en una emoción cada vez. Elige una emoción y trabaja con eso. Vierte esa emoción en tu roca tanto como puedas.

Seguía confundido. ¿Cómo se suponía que iba a verter emoción en una roca? No iba a preguntarle porque sabía cuál sería su respuesta. Dado que tenía la mente demasiado ocupada durante mi primer intento, traté de hacer lo que me sugería y centrarme en una cosa cada vez. Decidí que mi emoción sería el *amor*. Pero aún no estaba claro lo que se suponía que tenía que hacer con esa emoción.

De nuevo, como si estuviese leyendo mis pensamientos, Michael respondió. «El amor es la más fuerte de todas las emociones. También es la base de todas ellas. En cierto sentido, todas las cosas están hechas de amor. Y está claro que es a lo que todas las cosas acaban volviendo. Así que usar el amor como emoción te permitirá mezclarte con la auténtica esencia de las cosas en las que te centres».

«El amor es la más fuerte de todas las emociones», fue todo lo que entendí. «De acuerdo, lo haré lo mejor que pueda», dije.

Sostuve la roca en mis manos, y me puse a acariciarla y amarla hasta que empezó a ponerse templada. Me mantuve así unos pocos minutos más hasta que, para mi sorpresa, la roca empezó a calentarse. En ese momento la dejé en el coche, me di la vuelta y me preparé para el siguiente intento.

Incluso aunque no ya la sostenía, me sorprendió comprobar que aún podía sentirla en mi mano. Cuando Michael estuvo listo, cerré los ojos, encaré el coche y me aproximé a él con la palma de la mano derecha hacia arriba como si aún sostuviese la roca. Moví lentamente la mano, palma hacia arriba, a uno y otro lado sobre el capó del coche. De repente, sentí el calor en la mano. Pude percibir cómo una sensación de hormigueo recorría la palma y los dedos. En ese momento, sabía que mi mano estaba justo encima de mi roca. No sabía cómo lo sabía, pero estaba seguro de que era esa, y me emocioné.

En cuanto reconocí mi emoción, sentí que una pizca de duda empezaba a asaltarme. ¿Estaría mi roca allí realmente cuando fuera a cogerla? ¿Realmente sentía ese hormigueo? Quizá debería seguir buscando. La sensación en la palma de la mano empezó a desaparecer. Antes de que la duda me invadiese totalmente, volví la mano y la puse sobre mi roca.

—¡Excelente! —exclamó Michael con una sonrisa—. La mayoría de la gente diría que lo que acabas de hacer es imposible. Pero tú has mezclado tu emoción del amor con tu técnica de palma hacia arriba y te acabas de comunicar con la roca. ¿Qué te parece?

No sabía qué decir. Estaba orgulloso de mí mismo. Muy orgulloso, de hecho. Y por primera vez, sentí que Michael también lo estaba. Un espectador podría haberlo llamado suerte, pero yo sabía que no lo era.

Había leído que George Washington Carver encontró unos 300 usos diferentes para la planta del cacahuete. Cuando le preguntaron cómo había llegado esa conclusión, contestó que únicamente tuvo que preguntar a la planta. Nunca había llegado a entender esa historia del todo hasta que viví aquella experiencia con mi roca.

Cuando entrábamos en la casa, todavía podría sentir el hormigueo en la mano. He pensado en ello durante todos los años que he tocado mi bajo Univox. Debe haber toneladas de mis emociones almacenadas en ese instrumento. Me pregunto si podría encontrar mi bajo sin mirar utilizando la misma técnica que usé para encontrar mi roca. Pensé en muchos experimentos que sería interesante hacer. ¿Era suerte, o realmente Michael estaba en lo cierto? ¿Estaba yo en lo cierto?

Michael me miró y comentó: «Te lo vuelvo a decir, amigo: la emoción es algo poderoso. Es la fuerza que me llevó a ti».

No sabía si él fue llevado a mí o yo fui llevado a él.

—¿Cuál es la diferencia? —contestó Michael.

Para entonces, ya me estaba acostumbrando a que hiciera eso.

COMPÁS SEIS

DINÁMICA

La mayoría de la gente toca más fuerte para lla-
mar la atención de alguien, pero tocando más piano
se puede detener la embestida de un toro.

El ejercicio con la roca me dio que pensar. Nunca había visto ni hecho nada parecido, y me preguntaba qué otros usos podrían darse a aquella habilidad. Estaba cansado y emocionado después de nuestra excursión matutina, y me lancé al sofá.

Michael se sentó en la silla que había frente a mí con los ojos cerrados. De vez en cuando, dirigía la palma de su mano derecha a la pared y la movía lentamente atrás y adelante. Sabía que vivía en otro mundo, así que no le presté demasiada atención. Yo estaba medio dormido, aún soñando despierto con mi roca, cuando me hizo una pregunta sin aparente relación con aquello.

—¿Tienes algo de Curtis Mayfield?

—Ah, sí. CD, vinilo, ocho pistas… lo tengo todo. Me encanta Curtis Mayfield. ¿Qué quieres escuchar?"

—Un CD, por ejemplo. ¿Qué tal *Superfly*?

—Lo tengo —respondí, a la vez que saltaba del sofá.

—Lo sé —afirmó Michael—. Cierra los ojos y encuéntramelo.

Me paré en seco. «¿Qué quieres decir? Cerrar los... ¿Cómo quieres que haga eso?» Le miré y fruncí el ceño.

—Lo hiciste con una roca —contestó, y abrió los ojos para mirarme.

Estaba en lo cierto. Lo había hecho con una roca, pero no sabía cómo esperaba que hiciese lo mismo con un CD. Además, únicamente tuve que elegir entre cinco rocas, mientras que sólo en el salón había cientos de CDs. Me dio un bajón de golpe. Empecé a balancearme, mientras trataba de decidir qué hacer. Confundido y frustrado, opté por sentarme otra vez en el sofá.

Michael ignoró mi frustración y me dio más instrucciones. «Esta vez, no deberías empatizar con *tu* emoción; deberías empatizar con *su* emoción».

—¿La de quién? —pregunté, ladeando la cabeza.

—La de Curtis Mayfield. —Se echó hacia atrás y cerró de nuevo los ojos.

—Caramba —dije en voz alta. Me dejé caer en el sofá mientras intentaba decidir por dónde empezar. Estaba perdido. Traté de relacionar los CDs con las rocas, pero eso no me ayudó. *Quizá si pudiese coger un poco el CD primero...* Miré a Michael. Aún tenía los ojos cerrados. Iba a pedirle más ayuda, pero habló él primero.

Señaló el estante con el dedo y ordenó:

—¡Deja de pensarlo y ve a hacerlo!

Como no confiaba en mí mismo para mantener los ojos cerrados, cogí una gorra de calavera del suelo y me la puse sobre los ojos. Conseguí llegar a la librería (que, para mí, fue todo un logro), pero no tenía ni idea de dónde estaban mis CDs de Curtis Mayfield. Tampoco tenía ni idea de cómo iba a encontrarlos sin mirar. Ni siquiera sabía si estaban en esa habitación. Me tentaba la idea de abandonar, pero la rechacé. Sin ninguna confianza, hice un primer intento.

—No, ese es *Future Games*, de Fleetwood Mac —dijo Michael—. Época correcta, grupo incorrecto. ¡Elige otro!

No tengo ni idea de cómo supo qué CD había cogido desde el otro lado de la habitación. Puse el disco en el suelo para comprobarlo después. Lo intenté de nuevo.

—Joni Mitchell, *Shadows and Light*. Buena música, CD equivocado —afirmó Michael.

¡Venga ya! Le miré de reojo por debajo de la gorra. Aún tenía los ojos cerrados, así que miré el CD que llevaba en la mano. Había acertado. ¿Cómo podía saberlo sin mirar? Volví a mirarle y le vi sonreír.

—Sin trampas —dijo, moviendo el dedo de derecha a izquierda—. ¡Otra vez!

Lo intenté otras tres veces en vano.

—¡Dame la gorra! —ordenó Michael, algo fastidiado.

Desde la silla, alcanzó la gorra, Se la lancé. Sin abrir los ojos, la cogió y se la puso cubriéndose los ojos como yo había hecho. Se levantó de la silla, dio tres vueltas y entonces empezó a andar hacia atrás en dirección a la librería para demostrarme que no podía ver. Cuando alcanzó el estante, cogió un CD cualquiera. Yo no podría haberlo hecho tan fácilmente ni con los ojos abiertos.

—The Beatles, *Abbey Road* —afirmó con total seguridad—. Prince, *Dirty Mind*; Return to Forever, *No Mystery*; y Debbie Gibson, *Electric Youth*. Tienes un gusto musical muy diverso —añadió con algo de sarcasmo.

Fue levantando cada disco para que yo pudiera verlo. Yo me quedé allí estupefacto, con la boca abierta. Acertó todas las veces.

—Y por último, pero no menos importante —dijo, a la vez que cogía uno a su derecha—: Curtis Mayfield, *Superfly*, la banda sonora.

Mi boca se abrió aún más. Estaba más que maravillado con lo que acababa de ver. Era aún más increíble que lo de las rocas. Recuerda: tenía los ojos tapados y estaba de espaldas a los CDs. Se me escapa cómo supo cuál era cada uno de ellos.

—¿Quieres que siga? —preguntó.

¿Por qué tuvo que encontrar mi CD de Debbie Gibson? Sabía que nunca terminaría de escucharlo. También me daba miedo pensar qué otras cosas podría encontrar. «No, no, es suficiente», respondí. Para satisfacer mi curiosidad y esconder mi vergüenza, le hice una pregunta de inmediato. «¿Cómo lo has hecho?»

—Lo he hecho muy bien —respondió, quitándose la gorra y haciendo una reverencia.

—Muy gracioso. Pero en serio: ¿puedes darme una pista de cómo lo has hecho?

—Puedo decirte exactamente cómo lo he hecho —me dijo.

Me senté al borde del sofá, listo para escuchar. Él tomó asiento enfrente de mí y se puso la gorra en el regazo. Entonces, después de cruzarse de brazos y hacer una pausa, empezó a hablar por fin.

—Antes, cuando encontraste tu roca, conectaste con las emociones almacenadas dentro de ella. Esas eran tus emociones, y al ser nuevas la dinámica era poderosa, como un olor para un sabueso. Con los CDs hice lo mismo, sólo que las emociones no eran las mías y la dinámica era menor que las de las rocas; por tanto, necesité aumentar la mía. La emoción está almacenada dentro de la música de cada CD, e incluso si el CD está guardado en el estante se puede sentir. El truco es aprender a distinguir las emociones de cada artista.

—¿Conectaste con las emociones de los artistas de cada CD? —pregunté con incredulidad.

—¡Exacto! ¿Te has fijado alguna vez, cuando escuchas una canción como «Amazing Grace», en que te hace sentir diferente? Sabes que hay algo especial que es inherente a ella. Bueno, hay muchísimas emociones almacenadas ahí dentro; y si supieras el origen de esa canción en particular verías que esto tiene muchísimo sentido.

Siempre he sabido que esa canción tenía un efecto especial en mí. Cada vez que la oigo me siento más tranquilo y relajado. Es parecida a la sensación que tengo cada vez que paseo por el bosque.

Una vez oí que el compositor de la canción se perdió en un barco, en medio del mar. Mientras miraba a las estrellas, tuvo algún tipo de revelación. Eso era todo lo que sabía. Quería conocer el resto de la historia, pero hubiese tenido que investigar un poco. Quizá me ayudaría a entender mejor de qué estaba hablando Michael.

—Estoy hablando de las vibraciones y de lo fuertemente que pueden sentirse —dijo—. La mayoría de la gente diría que ese hombre escribió la canción, cuando en realidad la creó la situación en la que estaba. Él sólo estuvo lo suficientemente alerta como para cazarla al vuelo.

—¿La situación creó la canción? Tendré que pensar en eso. ¿Y el hombre? Tendría algo más que ver con ella que sólo estar alerta, ¿no? —pregunté.

—Por supuesto que sí. Toda vibración necesita un conducto antes de nacer, y él lo fue. Una vibración no es nada hasta que hay algo que vibra. Esto, de nuevo, es yin y yang. Para tener algo, debes tener otra cosa primero. La canción ya existía. Él tenía ese «algo más» que permitió que existiera en aquel momento y en aquel lugar.

Siempre que hablaba de vibraciones, sabía que me costaría trabajo entenderle. Habitualmente necesitaba meditar la información antes de entenderla del todo, pero en esa ocasión en concreto no me dio tiempo.

—¿Has tenido alguna vez una idea a la que no reaccionaste, y luego descubriste que otra persona sí lo hizo? ¿En otras palabras, alguien robó tu idea?

—Claro que sí, muchas veces —respondí.

—Bien —continuó—, tu idea nunca es solamente tuya. Está en el aire esperando que alguien la coja. De hecho, cuando piensas en una idea, crece y se hace más fuerte, y eso hace más fácil que otros también la sientan. Las ideas crean vibraciones, y esas vibraciones pueden sentirse en la Música. «Amazing Grace» es un ejemplo perfecto.

—¿Aún puedes sentir las vibraciones originales de esa canción? —pregunté.

—Sí. La dinámica de las vibraciones originales es muy débil; pero, dado que mucha gente las ha mantenido durante muchos años, las vibraciones aún están ahí. Es como mirar una fotografía de alguien que es especial para ti. La edad de la fotografía no importa; las vibraciones de la persona pueden sentirse todavía. A veces, cuanto más vieja es la foto, más fuertes son las vibraciones.

Se acercó a la librería y sacó instantáneamente un CD que contenía la canción «Amazing Grace». De nuevo, me sorprendió su habilidad. Señaló el disco mientras seguía hablando.

—Esta canción sigue siendo sagrada, pero ahora no significa lo mismo para la gente que lo que significó en el pasado.

—Yo siento algo que viene de esa canción —señalé—, y sé que es algo más que una simple melodía. ¿Cómo puedo aprender a ser tan sensible como tú?

—Si supieras cómo viajar hacia dentro, cómo ir a tu interior, lo harías muy rápidamente y con facilidad. Por eso es por lo que recomiendo hacer meditación y ejercicios mentales. Ya tienes mucha sensibilidad; toda la gente la tiene. Quizá no la suficiente para hacer lo que acabo de hacer, pero sí para comprender de qué estoy hablando.

—¿Ya tengo mucha sensibilidad? —pregunté, señalándome—. Entonces ¿puedes mostrarme alguna forma de desarrollarla, por favor?

—Ya lo he hecho.

—¿Sí?

—Sí, con la roca —respondió.

—Ah, sí. —Después de la pasmosa exhibición de Michael con el CD, me había olvidado rápidamente de mi propia proeza con las rocas. Ya había empezado bien. No conocía a nadie que pudiese hacer lo que yo había hecho.

—Así que fíjate, ya estás bien encaminado. —*Volvió a su silla*—. Practica eso, y no tendré que enseñarte nada más. Pero como sé que no lo harás, te daré otro ejemplo.

No sabía si realmente era que ya me conocía tan bien o sólo me estaba espoleando para que empezase a practicar. En cualquier caso, no me importaba; estaba decidido a conseguir tanta información como pudiera.

—De acuerdo, muéstrame —dije.

—Las manos —empezó, girando en el aire las palmas abiertas—. Las manos tienen una sensibilidad tremenda. ¿Qué es lo primero que haces cuando te hieres? —No me dio la opción de pensar en la respuesta—. Antes de pensar, la tocas con las manos. No importa si es tu herida o la de otro; tienes la necesidad de tocarla. ¿Por qué es eso? —De nuevo, no esperó respuesta—. Es por un recuerdo primigenio, un instinto que tienes en tus manos. Este recuerdo sabe que tus manos son sensibles y que tienen capacidad de curar. Así que las manos se ponen en acción inmediatamente en el momento en que, por ejemplo, te pica una abeja. Pasa antes de que puedas pensar.

—¿Memoria primigenia? ¿Capacidad de curar? ¿Mis manos tienen instinto? ¿Qué sinsentido es ese? —grité.

Michael cogió rápidamente la gorra de calavera de su regazo y me la tiró a la cara. Sin pensarlo, me estiré y la cogí con la mano izquierda.

—¡Guau! —gritó Michael—. ¡Eso ha sido increíble! ¿Cuánto tiempo has tenido que practicar cogiendo gorras así con la mano izquierda antes de que...?

—¡Cállate, Michael! Ya lo he pillado.

Me dejé caer en el sofá y pensé en lo que acababa de pasar. Mi mano izquierda había respondido, instintivamente, y yo no soy zurdo. *Quizá mis manos sí tienen memoria; y si pueden recordar cómo proteger, quizá puedan recordar cómo curar.* Me gustaba esa idea, incluso aunque me molestase un poco que Michael volviese a tener razón. Me miré las manos y después le miré de nuevo a él. Estaba inclinado hacia atrás y sonreía como si estuviese disfrutando de mis pensamientos al mismo tiempo que yo los tenía. Cuando acabé, siguió hablando.

—Las manos parecen tener un deseo propio. También reaccionas cuando estás enamorado. Tienes el deseo de tocar a la persona de la que te enamoras. También deseas tocar a la persona que odias. Aunque sea diferente —rio Michael—, sigue siendo deseo.

»Los niños también desean tocarlo todo. Tocan con los pies, con la nariz o cualquier otra parte del cuerpo. Les encanta tocar. Ahora te enseñaré un ejercicio que te enseñará a extender la mano y tocar.

Me senté mudo de emoción ante la idea de aprender algo, cualquier cosa, que me permitiera hacer lo mismo que él.

Michael me pidió que me pusiese de pie y me colocase a unos tres metros de los altavoces. Dijo que debía ponerme así de cerca para que mis emociones no se confundiesen. No tenía ni idea de a qué se refería. Entonces me dijo que me diese la vuelta, levantase la mano derecha a la altura del pecho y pusiese la palma hacia fuera. Puso un CD en el reproductor y presionó el *play*. Era Curtis Mayfield.

—Lo que quiero que hagas —me dijo— es volverte lentamente hasta dar una vuelta completa. Presta atención a lo que sientes en las palmas de las manos cuando estás enfrente de la música y compáralo con lo que sientes cuando no estás.

Hice exactamente lo que me había pedido. Ahora vamos al grano. ¡Funcionaba! ¡Sentí la diferencia! Estaba estupefacto, y aún me siento así cada vez que comparto este ejercicio con alguien. ¡Funciona! Y en mi primer intento, tan pronto como me puse frente a los altavoces, pude sentir una sutil sensación de hormigueo en la palma de la mano. Era leve, pero pude sentirla. Al principio no estaba seguro de si sólo estaba sintiendo las ondas sonoras procedentes de los altavoces o era la energía, pero podía sentir algo.

Como si me estuviese leyendo el pensamiento, Michael dejó la música puesta pero bajó completamente el volumen. Me pidió que repitiera el ejercicio. Dijo que bajar el volumen me serviría para estar seguro de que estaba sintiendo la emoción de la música y no la vibración de los altavoces.

Esta vez era más difícil de sentir. Creo que mi mente interfirió. Suele pasar después de un primer intento con éxito, pero aún podía sentirlo, y eso me sorprendió.

—Guau, ¿qué era eso? —pregunté. Estaba como un niño en la mañana de Reyes, con la boca abierta de asombro.

—Emoción, Energía, Vibración, Vida, Amor, Música, llámalo como quieras —respondió—. El hecho de que pudieses sentirlo, incluso cuando no podías oírlo, es lo importante. Ahora sabes que ahí hay algo.

—Era leve, pero he podido sentirlo. Sé que lo he hecho —exclamé, con una voz que reflejaba mi emoción.

Michael me lo explicó hablando con suavidad. «Cuando las vibraciones que recibimos de un objeto son débiles, como pasa con los altavoces, nuestra primera reacción puede ser subir el volumen. Otra posibilidad sería subir nuestro propio volumen, nuestro volumen de recepción».

»Podemos subir y bajar el volumen de lo que nos llega en cualquier momento. Los matrimonios lo hacen todo el tiempo, oyen sólo lo que quieren oír y cuando eligen oírlo. Esta situación es similar. Ajustas tu dinámica en situaciones en las que no puedes, o no quieres, ajustar la dinámica del otro objeto.

Su discurso sobre las vibraciones siempre me confundía un poco. Incluso aunque ahora usara el término «dinámica», yo sabía por mi confusión que también estaba hablando de vibraciones.

—Esa es la razón de que me guste usar a Curtis Mayfield para este ejercicio —remarcó Michael, subiendo de nuevo el volumen del equipo—. Si te das cuenta, toca suavemente pero con mucha intensidad. No hay muchos artistas que puedan hacerlo. La mayoría cree que cuanto más fuerte toquen, más emoción crean. Y es justo al revés. La emoción ha de ser real cuando no la escondes tras un volumen alto. E incluso a ese nivel suave —susurró—, sería difícil para cualquiera no sentir la emoción que emana de Curtis.

—Lo creas o no, te sigo. Entiendo lo que dices —respondí.

—¿Para qué iba a estar diciéndolo si no? —replicó Michael—. Ahora, vamos a intentarlo de nuevo, pero de forma distinta esta vez: una forma relacionada directamente con hacer Música.

Cogió un metrónomo y lo puso a cincuenta. Después, trajo mi aspiradora y la encendió. (Yo llevaba tiempo sin hacerlo.) Entonces, encendió la televisión y me pidió que tocara.

—Coge el bajo y toca con el click —indicó—. Toca lo que quieras, pero mantén el tempo del metrónomo.

Tenía que esforzarme mucho para poder oír el metrónomo. A duras penas podía oírlo siquiera hasta que recordé sentirlo, en lugar de intentar escucharlo. Me maravilló comprobar lo fácil que era una vez que usabas el método correcto.

—Ahora, súbelo —dijo—. Dentro de ti mismo, sube la dinámica del metrónomo."

Antes de darme a mí mismo tiempo de pensar, hice lo que me pedía. Para mi sorpresa, el click se volvió más fuerte. Después de un rato, era casi como la televisión y la aspiradora no estuvieran allí. Como el ruido que hacían era constante, pude dejar de prestarles atención y tocar, llevando perfectamente el tempo. Una vez pude hacer eso, Michael me dio más instrucciones.

—Ahora intenta esto —dijo—. En vez de escuchar el click en el primer tiempo del compás, haz como si sonase en el «y» del cuarto. Una vez que puedas oír el click en ese tiempo, empieza a tocar de nuevo. Y de paso, relaja un poco los hombros.

No sé cómo, pero él sabía lo tenso que estaba. Yo ni me había dado cuenta. Era más difícil escuchar el click en ese tiempo; pero una vez hube respirado profundamente, pude hacerlo. Antes de ese momento, jamás había conectado mi escucha con mi respiración. Fue algo más tarde cuando me di cuenta de que también podía oír claramente su voz a pesar de todo el ruido de fondo. Sabía que todo aquel ruido seguía allí, pero sonaba como si lo hubiesen bajado un poco. Escuchar el click en un tiempo diferente me hizo llevar mi propio tempo de forma correcta más que confiar en el metrónomo. Era más difícil de hacer; pero no imposible, afortunadamente.

Una vez Michael se dio cuenta de que podía hacerlo, me hizo seguir cambiando la ubicación del click mentalmente una vez tras otra. Me dijo que desplazase el click un dieciseisavo de tiempo cada vez. Y cada vez tenía que reajustarlo todo (y respirar).

Después de cambiar el click, esta vez al último dieciseisavo del cuarto tiempo, Michael me pidió que hiciera un solo. Dijo que si podía hacer un solo sin perder el tempo, mi reloj interno sería sólido. Esto me ayudaría a tocar con cualquier batería, incluso si su tempo era malo.

Toqué con el metrónomo un rato más y me di cuenta de lo difícil que era no perder el *groove*. Para mantener el tempo, tenía que obligarme a basar mi solo en el *groove*, no en las notas o en la técnica. Tratar de tocar con el click en un sitio tan inusual también me hizo olvidar que el metrónomo sólo se oía a duras penas. Y darme cuenta de eso tuvo un gran impacto en mi *groove*.

—¡Genial! —dijo Michael al detener el click y apagar los electrodomésticos—. Te has enganchado muy bien. Has pensado cómo ajustar tu dinámica auditiva con rapidez mientras hacías el solo. Ahora, tocar en situaciones en las que te cueste oír será pan comido, y dará igual con quién estés tocando. Necesitarías ayuda con la sincronización, pero ya llegaremos a eso.

—Tío, eso es alucinante y fácil de entender —comenté.

—Oh, esto es sólo la punta del iceberg —señaló—. No te creerías la de cosas que puedes hacer.

—Suena emocionante. Lo que de verdad me gustaría ver es cómo usas todo esto en directo con un grupo —le dije—. Me encantaría escucharte en un bolo.

—¿De verdad? —preguntó Michael.

—Sí, en serio —respondí—. Después de ver lo rápidamente que me has ayudado a ampliar la perspectiva, me encantaría oírte y verte en una situación real, un bolo real. Traeré la aspiradora.

Michael sonrió.

Justo entonces, sonó el teléfono. Era un músico que conocía llamado Cliff. Su banda, los Cliffnotes, era muy conocida en la ciudad. Tocar con ellos me había ayudado a mantenerme a flote cuando me mudé a Nashville. Siempre conseguía los bolos mejor pagados en las bodas, y de alguna forma era capaz de conseguir suficientes fechas en clubs como para que muchos músicos quisiesen tocar en su grupo.

No me había llamado en un año. No sabía por qué. Dado que debía el alquiler y que no tenía bolos a la vista, estaba deseando cogerle el teléfono.

—Hey, Cliff, ¿qué pasa? —dije—. ¿Esta noche? ¡Claro, estoy disponible! ¡De acuerdo!¡Gracias! Panama Red´s. Te veo allí a las nueve.

Un bolo, por fin. Estaba contento ante la perspectiva de tener algún ingreso. No iba a pagarme todo el alquiler, pero sería un comienzo; y quizá de ahí saliese otro bolo. La emoción me duró unos segundos. En cuanto Michael habló, me la echó por tierra.

—Creía que querías oírme *a mí* tocar en un bolo —dijo.

—Bueno, sí, pero… —No sabía qué decir.

—¡Llama otra vez a Cliff! —ordenó Michael.

—¿Qué?

—Llámale otra vez —repitió.

—Pero me ha pedido a mí que toque —protesté.

—Llámale otra vez. Todo irá bien, tú llámale otra vez.

—De acuerdo —respondí, dubitativo.

Volví a llamar a Cliff y le dije que mi profesor, Michael, estaba en la ciudad y que era mejor instrumentista que yo. Incluso aunque no había oído a Michael tocar mucho el bajo, recomendé a Cliff que le contratase en mi lugar. Teniendo en cuenta lo mucho que necesitaba el dinero, me resultó difícil hacerlo.

Cliff me dijo que tenía doblete esa noche y también buscaba un guitarrista. (Al ser tan conocidos, solían contratarles en dos sitios diferentes a la vez en la misma noche. Dado que Cliff era guitarrista, una de sus bandas necesitaba otro.) Le dije que la guitarra era el instrumento principal de Michael. Para mi sorpresa, Cliff nos contrató a ambos para el mismo bolo. Como él no estaría allí esa noche y no había oído tocar a Michael, le aseguré que todo iría como la seda.

Qué coincidencia más extraña. Michael no parecía en absoluto sorprendido. Se limitó a sonreír.

Después de que se fuese de mi casa, estuve luchando contra la ansiedad que sentía. Estaba al mismo tiempo emocionado y nervioso por tocar en un bolo a su lado. No sabía cómo manejar esas emociones, así que intenté relajar la mente y prepararme para la actuación. No funcionó. Después de cargar el equipo en el coche, decidir lo que me iba a poner fue el siguiente desafío. Sentí aproximarse un dolor de cabeza. Sin saber qué hacer, me senté e intenté relajarme. Me pregunté si Michael tendría el mismo dilema. Después de un breve descanso, me fui al club con la ropa que había llevado puesta todo el día.

Como quería parecer profesional, llegué con dos horas de adelanto. La mayoría de los bolos de los Cliffnotes son muy relajados, así que aparecer tan pronto no es lo normal. Fui el primero. Cuando llegó Ralph, el batería, charlamos y nos pusimos un poco al día. Me inventé una historia para justificar por qué no me había visto tocando por la ciudad últimamente e hice como que me interesaba lo que él había estado haciendo. Pasé lo siguientes quince minutos tratando de explicarle quién era el tipo raro que acababa de entrar por la puerta con una guitarra y un monopatín.

Michael iba vestido como solía; es decir, de forma insólita. No podía recordar la última vez que vi unos bombachos. Llevaba una sandalia de diferente color en cada pie, con calcetines de cuadros hasta las rodillas. Los dedos gordos sobresalían por sendos agujeros en los calcetines y fijaban las sandalias a los pies. Supuse que se había dejado la camisa en casa, porque no llevaba. Su largo pelo caía sobre los tirantes y los cubría parcialmente.

Su guitarra… Bueno, en realidad no era suya. Era mía, concretamente la que hacía de perchero en mi sala de estar. No me di cuenta de que la había cogido. Quizá se la llevó de casa después de que me fuera. Sabía que no necesitaba la llave para entrar. Aquello, en vez de molestarme, me hizo reír.

Verle entrar bailando el vals vestido así, con mi destartalada guitarra sin funda, fue desconcertante. En el fondo me encantaría poder ser así de atrevido, pero sabía que jamás lo sería. *Michael ya era suficientemente atrevido por los dos.*

Cuando llegó el resto de la banda, nos presentamos. No es inusual aparecer en un bolo de este tipo y no conocer a algunos de los otros músicos con los que vas a tocar...o a ninguno.

Mi equipo estaba instalado junto al charles de la batería, así que Michael se puso a mi izquierda. Afortunadamente, el club tenía un amplificador de guitarra para él. Me pregunté si le pilló desprevenido o si sabía de alguna forma que habría allí un ampli que podría usar.

El saxofonista estaba calentando a base de tocar religiosamente escalas y ejercicios. Cogí el bajo para hacer lo mismo. Michael estaba allí sentado, reclinado en una silla de madera con los pies sobre el escenario. Tenía los ojos cerrados. La guitarra estaba sobre la mesa.

—¿No necesitas calentar? —le pregunté.

—¿Tú sí? —contestó, mirándome.

—Yo sí.

—¿Cuántos años llevas tocando? —preguntó.

—Unos veinte o así.

—¿Y aún no estás caliente? —Al hacer este comentario, cerró los ojos de nuevo.

—Quiero estar listo para el bolo de esta noche. Es importante para mí —respondí.

—He estado calentando toda mi Vida para este bolo —explicó Michael con los ojos aún cerrados—. También es importante para mí. Todos los bolos anteriores fueron simples ensayos para el de esta noche. Todo lleva a ahora.

No sabía qué decir. Tampoco sabía si debería seguir calentando o no. El saxofonista escuchó nuestra conversación. Dejó de tocar, se acercó e hizo a Michael un comentario sarcástico.

—Tío, deberías ponerte en marcha antes de que empiece el bolo. No quiero verte calentando cuando me toque a mí.

Era obvio que el saxofonista no sabía con quién estaba hablando. Habría intentado salvarle si hubiese tenido tiempo o ganas. Esperé la respuesta de Michael.

—Ya veo —dijo Michael, sentándose lentamente en la silla. Sabía por su sonrisa que iba a disfrutar de esta interacción. Se puso de pie, lo que le permitió mirar al saxofonista desde arriba. Mientras le penetraba con la vista, siguió hablando.

—Tú calientas con los dedos porque es lo único que usas para tocar. Se nota. Yo uso la cabeza. Podemos comentarlo después del bolo si quieres. Avísame, estaré aquí.

Michael se volvió a sentar, apoyó los pies y cerró de nuevo los ojos, no sin esperar un poco antes de dejar de sonreír. Yo sabía que era a propósito.

El saxofonista estaba perplejo. Las palabras de Michael le habían dejado seco. Se quedó allí de pie sin saber qué hacer. Se veía que estaba dándole vueltas a aquello, pero no se atrevía a discutir, aunque yo estaba deseando que lo hiciera. Quería ver a Michael en acción. *Quizás después de la actuación,* pensé esperanzado.

El resto del grupo vino para hablar de algunos de los temas. Después de confirmar el repertorio, empezó la música.

Las primeras canciones fluyeron, y me sentía bien tocando. Pero entonces me di cuenta de que la gente del bar no estaba escuchando. Era algo que siempre me había molestado, y de hecho empezó a desconcentrarme. Michael no parecía darse cuenta o quizás no le importaba, pero a mí ya me estaba poniendo nervioso. Por fin, habló.

—¿Ves a ese tío hablando al final de la barra? —preguntó—. Lleva una chaqueta blanca.

—Sí —respondí.

—Obsérvale.

Todo el mundo en el bar estaba hablando. Los únicos que prestaban atención eran los pocos que estaban en la pista de baile. El resto estaban en la barra o en una mesa, y no escuchaban. No sabía qué estaba buscando o qué planeaba hacer Michael. Yo seguí mirando al hombre de la chaqueta blanca.

Casi de inmediato, el hombre se volvió y miró al escenario. *Alguien atendía al grupo. Es un comienzo.* En menos de un minuto cogió su copa, avanzó hacia el centro de la sala y tomó asiento en una mesa casi justo enfrente de Michael. No le miraba, pero el caso es que se sentó allí. Michael se volvió hacia mí y sonrió.

Estaba confuso. No estaba seguro de si era él quien había hecho que el hombre se sentase allí. Quizá podía leer los labios y captó que el hombre planeaba hacerlo. Improbable. Sabía que Michael era raro, y para entonces estaba bastante seguro de que él tenía algo que ver con todas las cosas extrañas que pasaban a su alrededor.

—¿Cómo has hecho eso? —pregunté (a la vez que me iba de ritmo al hacerlo). Ralph me miró y frunció el ceño. Le respondí con una mirada de disculpa.

—En el descanso; espera al descanso. Te lo explicaré entonces —me dijo.

Me costó esperar al primer intermedio. La mayoría de los grupos se toman más descansos de los que yo tengo por costumbre hacer, así que cuando llegó el momento de parar estaba listo pero también sorprendido de que llegase tan rápido.

—De acuerdo, Michael, ponme al día —dije, sin esperar siquiera a que se quitase la correa de la guitarra.

—Dinámica —respondió—. Usé la dinámica.

—¿Puedes enseñarme a hacer eso? —Justo después de hacer la pregunta, recordé su opinión sobre el concepto «enseñar».

—¿Puedes aprender a hacer eso? Esa pregunta es mejor —respondió.

—Sí, sí, enséñame, muéstrame, apréndeme, bla, bla, bla. ¿Cómo puedo hacer eso? Es todo lo que quiero saber. —Eso le hizo reír. Salimos fuera, donde había silencio, y allí me explicó su método con detalle.

—Muy bien, esto es lo que he hecho. Era obvio que el tipo no estaba escuchando la Música, así que tenía que llamar su atención. Todo lo que hice fue alterar la dinámica de lo que estaba tocando. No sólo el volumen, también la dinámica de todos los elementos. Eso llamó su atención. Si te diste cuenta, echó unas cuantas ojeadas al escenario antes de ir a sentarse. Cuando supe que le tenía, cambié la dinámica. Y recuerda que no hablo únicamente de volumen. De hecho, lo bajé. Eso fue lo que le atrajo. Mira, casi todo el mundo toca más fuerte para llamar la atención de la gente, pero tocando más piano se puede detener la embestida de un toro.

—Eso es absolutamente increíble —dije.

—No, es mucho mejor que eso —respondió—. Ese tipo no tenía ni idea de qué fue lo que le atrajo al escenario. Si supiese algo sobre nuestro mundo de la Música, se habría dado cuenta de lo que hice y me habría prestado atención a mí directamente. Como no sabía qué fue lo que le llamó la atención, pude influir en su forma de pensar. Eso es a la vez genial y peligroso para las dos partes implicadas. Si puedes hacérselo a él, te lo pueden hacer a ti. Piénsalo. Sólo hablamos de Música en este caso concreto.

No entendía del todo lo que me estaba diciendo, pero una frase me llamó la atención. «Has dicho "nuestro mundo de la Música". ¿Me incluyes en tu mundo?». Mis cejas se enarcaron al tiempo que sonreí, esperanzado.

—¡Sí! Debes ser una parte de este mundo para manipular así los elementos.

Me sentí orgulloso de que me incluyese en ese mundo, pero no lo exterioricé. «Ya veo. ¿Puedes mostrarme cómo manipular así los elementos?», pregunté.

—Es fácil —contestó—. Te mostraré cómo hacer que el público aplauda a quien esté haciendo un solo. Se volverán locos por el solista sin darse cuenta de que fuiste tú quien lo provocó.

Eso me sonaba genial. «Tienes que mostrarme cómo hacerlo». Estaba listo para ponerme de rodillas si hacía falta, y Michael lo sabía.

—¿Quién es el mejor? —preguntó, abriendo los brazos y levantando juguetonamente una ceja.

—Tú, Michael. Tú.

—¿A quién quieres más? —Ahora me dedicaba su conocida sonrisa.

—A ti, ¿de acuerdo? Ahora, para y dime qué tengo que hacer.

Fue algo extraño escuchar a Michael bromeando de esa forma. Nunca pedía cariño o parecía importarle. Aún así, sabía que estaba de broma. Estaba deseando hacer lo que fuera necesario para aprender todo lo que tuviese que enseñarme.

—De acuerdo, ahora voy a mostrártelo —dijo riendo—. Es muy fácil. Esto es lo que tienes que hacer. Cuando volvamos ahí y el saxofonista empiece el solo, presta atención a cuando vaya a llegar al clímax. Antes de que lo haga, quiero que bajes dos octavas y toques una nota pedal.

(Nota pedal es cuando el bajista se queda tocando una sola nota, repitiéndola una y otra vez, aunque los acordes vayan cambiando. ¿Lo pillas? De acuerdo, vuelvo a la historia.)

—Cuando toques la nota pedal —continuó—, debes bajar mucho el volumen. Bajarlo sin perder intensidad. Piensa en Curtis Mayfield. El batería tiene que seguirte con esa dinámica, así que puede que necesites llamar la atención de Ralph. Toca la nota pedal durante unos compases, entre ocho y dieciséis, eso ya depende de ti; pero debe estar bien medido para que funcione. Pon toda tu atención en el saxofonista mientras lo haces. No estés pendiente de ti mismo.

»Durante los últimos dos compases, crece en intensidad. Quiero que hagas un crescendo mientras desciendes, y vayas bajando las notas hacia la octava original. Justo entonces, empieza a tocar la línea de bajo inicial con mucho groove. En ese punto, si lo has hecho correctamente, el público empezará a aplaudir al solista. Tú, en tu fuero interno, sabrás que el mérito es tuyo; pero para la gente, será del solista. En otras palabras, guardarás silencio sobre lo que has hecho. Los bajistas vivís en un mundo silencioso.

—Suena fácil —dije, deseoso de intentarlo cuanto antes—. En resumen, tengo que tocar una nota pedal durante unos cuantos compases, después bajar y empezar a tocar el groove de nuevo, ¿verdad?

—Sí, pero no puedes olvidarte de la dinámica. Debes bajar y subir el volumen en los momentos apropiados. Eso es crucial para que funcione.

—De acuerdo, lo intentaré y veré si funciona cuando subamos.

—¡No! ¡No lo intentes! ¡*Hazlo* y asegúrate de que funcione! Puedes resolver las dificultades ahora mentalmente si quieres, pero cuando subamos al escenario será el momento de hacerlo bien. «No quiero verte ensayando cuando me toque a mí» —dijo esto último lo bastante alto como para que todos pudieran oírlo. El saxofonista le miró, pero no se atrevió a decir nada.

Después de reírme por lo bajo, cerré los ojos y visualicé todo el proceso. Escuché la música en la cabeza y me di cuenta de que si marcaba el pulso entre dos notas mientras tocaba el pedal me sería más fácil hacerlo con *groove*, incluso a un volumen bajo.

Estaba emocionado y no veía el momento de intentarlo. Quiero decir, no veía el momento de *hacerlo*.

Subimos al escenario y empezamos con una pieza instrumental. Cuando el saxofonista empezó su solo, escuché atentamente y planifiqué mi entrada. *Este es el momento perfecto.* Tan pronto como empezó su tercer estribillo me lancé, haciendo pedal con la tónica y la séptima menor, dos octavas arriba. No le dije a Michael que iba a usar dos notas; pero cuando lo hice, asintió con aprobación.

Bajé el volumen, y Ralph me siguió. Michael dejó de tocar acordes y comenzó un ritmo con una sola nota que creó mucho espacio. Entonces me di cuenta de lo que estábamos haciendo. Estábamos creando un hueco en el centro de la música que hizo que el solista sobresaliera. También simplificamos la música, dirigiendo hacia él toda la atención. El saxofonista estaba allí en medio de un vacío musical, y el público tenía que darse cuenta. Y vaya si lo hicieron. Todos dejaron lo que estaban haciendo y empezaron a escuchar el solo de saxo. Fue brillante.

En el momento adecuado, comencé a subir de nuevo el volumen. De nuevo, Ralph me siguió. A medida que ejecutamos perfectamente el crescendo, empecé a descender por las notas de la escala de la canción hasta que aterricé firmemente en la tónica y retomé el *groove* original de forma prodigiosa. Pude sentir el efecto de lo que estaba pasando.

Toda la sala estalló en un estruendoso aplauso, incluyendo a los camareros y al personal de la barra. Entre acordes, Michael me dio un toque en el hombro para mostrarme su aprobación. Me sonreía abiertamente. El resto del público siguió aplaudiendo y jaleando al saxofonista, que estaba más inspirado de lo que lo había estado en toda la noche. Hizo otros dos compases más de solo y casi podías ver cómo la felicidad le salía por los poros.

El público iba abandonando la barra para llenar las primeras filas. Estaban escuchando, estaban con nosotros, y el grupo lo sentía. El resto de la noche fue una de las mejores que había tenido en Nashville. Me sentí como si aquello fuese el principio de algo bueno.

Cuando el bolo terminó, vino una señora llamada Jonell y me dijo que le gustaba cómo tocaba. La había visto en el club, pero no sabía quién era. Era una señora muy guapa, de baja estatura y cabello castaño, que parecía famosa, una especie de cruce entre Janis Joplin y Bonnie Raitt. Mencionó que estaba buscando un bajista para una sustitución en su banda un par de noches. Le dije que estaba disponible y nos dimos los teléfonos. Después, Michael me dijo que era una de las mejores cantantes del país. Lo anoté mentalmente para llamarla más pronto que tarde.

Hacía mucho que no me había sentido tan bien, pero también sentía que se lo debía todo a Michael. Cuando se lo comenté, rechazó todo el mérito.

—Dentro de veinte años —dijo— verás este conocimiento como tuyo propio. Por tanto, ya deberías verlo así ahora.

—Pero este bolo no habría ido así de no ser por ti —le dije—. No creo que hubiese siquiera tenido lugar de no ser por ti. Así que gracias.

—Agradécemelo todo lo que quieras, pero no me otorgues el mérito de lo que has hecho tú. Has tocado muy bien esta noche, y yo te doy las gracias a *ti*.

—¿Darme las gracias por qué? —pregunté.

—Por hacerme sentir orgulloso —respondió.

Casi sonó a cliché, pero me tocó profundamente porque sonaba sincero. No sabía qué más decir; y no parecía apropiado darle un abrazo delante de los otros, así que sólo contesté: «de nada».

Nos acercamos al bar donde estaban sentados los demás músicos de la banda. Aunque ya habían recogido el equipo, no se decidían a marcharse; aún sentían el subidón del bolo. Ah, sí, y estábamos esperando a que el dueño nos pagase.

Todo el grupo estaba emocionado. Comentaron lo mucho que les había gustado tocar con Michael y conmigo. Ralph me dijo que se aseguraría de que Cliff se enterase de lo bien que lo habíamos hecho. Me hicieron sentir genial, y esperaba que eso se tradujese en más bolos.

El saxofonista se disculpó con Michael por su actitud anterior y le dijo que esperaba volver a tocar con él de nuevo. Michael se lo agradeció y le sugirió que recordase usar la cabeza, no sólo los dedos. Michael me sonrió abiertamente y me guiñó un ojo.

Algún tiempo después, hice un bolo con el mismo saxofonista. Tras su habitual rutina de calentamiento, le vi sentarse en una esquina y cerrar los ojos. *Usar la cabeza.* Michael influía en toda la gente con la que se cruzaba.

Una vez nos hubieron pagado, me di cuenta de que Michael no estaba. Les dije que seguramente le vería por la mañana. Me dieron su parte para que se la pasara. Estaba acostumbrado a que Michael apareciera inesperadamente, pero era extraño que desapareciera así. Como no habíamos llegado juntos, decidí no preocuparme por él y fui a mi coche. Cuando llegué, vi a Michael sentado en el capó.

—Sabía que no lo habrías cogido si te lo hubiese dado, así que dejé que te lo diesen ellos —dijo.

—¿De qué hablas?

—Sabes de qué hablo —respondió.

—¿Qué? No voy a quedarme tu dinero. Es para ti.

—Yo no lo necesito; tú sí. Además, ya está en tu bolsillo. Quédatelo; te lo has ganado. Si alguna vez me hace falta, ya sé dónde vives.

—No puedo hacer eso —le dije.

—Escucha: en este momento de mi viaje, la Música es Vida, y no necesito dinero para tocarla o vivirla. Ya no toco por dinero. Solía hacerlo, pero ahora toco por otras razones. Esta noche he tocado para ti. Y tú ya me has pagado bien al tocar como lo has hecho.

No sabía cómo responder.

—Gracias, Michael. Eres increíble.

—No, ¡soy más que eso! —Sonrió, se volvió y se marchó.

Anhelaba ser como él. Aun siendo tan raro, era la persona más *real* que había conocido. No podía pensar en nadie más que hubiese hecho por mí lo que él había hecho. Sabía que era sincero en todo lo que decía, y me tocaba profundamente a muchos niveles.

«Esto sí que es dinámica de verdad», susurré para mí mismo.

Me invadió la emotividad mientras le observaba alejarse hacia la luz de la luna… en su monopatín.

RITMO/TEMPO

Si prestas la debida atención, no importará si estás en otra habitación o en otro estado: seguirás sintiendo el pulso.

Me levanté con dolor de cabeza. Tratar de asimilar toda esa nueva información le estaba pasando factura a mi cerebro. Aunque estaba cansado, casi no había podido pegar ojo. Estaba tan emocionado con lo que estaba aprendiendo que no podía sacármelo de la cabeza. Cada vez que Michael me daba una nueva idea, alumbraba otra. Esa nueva idea encendía a su vez otra, y así de nuevo. Mi cerebro, que no quería perder el tiempo durmiendo, me hacía estar despierto más tarde de lo que solía. Estoy seguro de que todo era parte de su plan.

Fui a la cocina a ponerme un vaso de zumo de naranja. La mayoría de la gente empieza el día con una taza de café, pero yo tengo que tomar zumo de naranja. Nunca he sido muy de café ni de alcohol, pero si alguna vez se crease una organización de Bebedores Anónimos de Zumo de Naranja yo debería ser su presidente. Abrí el frigorífico y estaba vacío; nada de zumo de naranja. Tendría que ir al supermercado más próximo si quería conseguir mi dosis.

Era temprano, al menos para mí. Si fuera de los que usan pijama lo habría llevado puesto. En vez de eso, llevaba mi habitual pantalón de chándal y mi camiseta. Normalmente no me gusta salir nada más levantarme, porque «nada más levantarme» suele ser para mí cuatro horas después que para el resto de la gente. Cuando el sol ya está bien alto, la gente espera que al menos tengas pinta de llevar un rato despierto.

Sólo estuve fuera unos veinte minutos, así que puedes imaginar mi sorpresa cuando entré en *mi* casa y vi a un crío sentado en *mi* sofá con *mi* bajo. Lo creas o no, mi primer impulso fue disculparme por el desorden, pero de pronto caí en que sólo era un crío.

Miré alrededor para ver con quién iba y me sorprendió comprobar que estaba solo. No sabía qué pensar. Parecía un chico majo. Era bajo, flaco, con el pelo oscuro, tupido y ondulado. También llevaba gafas. Resultaba evidente que sus pantalones y su camisa estaban planchados y sus zapatos estaban impecables, a diferencia de las deportivas hechas polvo que llevaban casi todos los chicos de su edad. Parecía el típico bicho raro con el que se meten en el colegio.

El chico me miraba sonriendo mientras yo seguía observándole e intentaba adivinar qué hacía allí. No parecía perdido. Estaba sentado con la confianza de alguien que sabía dónde estaba y quién era. Por extraño que resulte, sentí que debía haber una buena razón para que él estuviera allí. Parecía emanar amabilidad; o mejor, educación…aunque vienen a ser lo mismo. Eso me tranquilizó.

—¿Quién eres? —pregunté.

—Michael me dijo que necesitabas ayuda con la medida— contestó, aún sonriendo—. Espero que no te importe que estuviese tocando tu bajo.

—¿Cómo te llamas?

—Sam, señor.

—¿Cuántos años tienes, Sam?

—Once —respondió.

—¿Once? ¿Michael manda a un chaval de once años a ayudarme con la medida?

—Sí, señor —respondió, sin inmutarse ni dejar de sonreír.

—Bueno, esto… de acuerdo, entonces. —La verdad es que no tenía palabras—. ¿Quieres una cerveza? —bromeé.

—No, gracias —respondió, ignorando mi intento fallido de hacer una gracia—. Pero me tomaré un vaso de zumo de naranja. Deberías tomarte un vaso de agua; te ayudará con el dolor de cabeza. —Su aguda voz era la más educada que había escuchado jamás.

Llevé la bolsa a la cocina y serví dos vasos grandes de zumo. No tenía intención de dejar que un niño me dijese lo que tenía que beber, pero este chaval parecía majo. Entonces caí. ¿Cómo sabía lo de mi dolor de cabeza? Me había habituado a ese tipo de cosas con Michael; pero ¿con un niño de once años? Me intrigaba. Yo ya no quería el zumo, pero me lo bebí igualmente sólo para no hacer lo que me había sugerido.

Al volver al salón le pregunté: «¿Sabes tocar?»

—Tengo una pregunta mejor: ¿sabes tocar *tú*? —respondió, sin dejar de sonreír.

—Ya veo que conoces a Michael. ¿Qué has venido a *mostrarme*? —pregunté, y enfaticé la palabra «mostrar», para que viera que yo también conocía un poco a Michael.

—Quiero ayudarte con la medida, pero creo que primero deberíamos tratarte el dolor de cabeza.

—¿Deberíamos? —añadí.

—Sí, te ayudaré con eso si quieres.

—De acuerdo —respondí, más por darle gusto que por que creyese que podía hacerlo.

—Muy bien, lo primero que tienes que hacer es sonreír.

No tenía ninguna intención de sonreír. Su perpetua sonrisa ya estaba empezando a irritarme. En vez de eso, fruncí el ceño.

—Michael me dijo que actuarías así —comentó.

—¿Cómo? —pregunté.

—Como un burro. Michael usó otra palabra que yo no estoy autorizado a usar, pero creo que quería decir «obstinado». —Empezó a reírse—. Dijo que preferirías seguir con el dolor de cabeza que arriesgarte a aprender algo de un niño. Demasiado orgullo, supongo.

Ahora resultaba que Michael también sabía que tenía dolor de cabeza. ¿Había programado al chico? Intentaba que aquel crío de once años no me confundiera. Sentí cómo mi enfado iba en aumento. Como no sabía qué otra cosa hacer, decidí escuchar lo que el chico tuviera que decir. Al fin y al cabo, nadie sería testigo si al final resultaba que era más listo que yo, así que opté por ceder.

—De acuerdo, Sam, ¿qué quieres que haga?

—¡Sonríe! En serio, tú sólo sonríe. Piensa en algo agradable o gracioso que te haga sonreír, pero tiene que ser de verdad. Te ayudará a bajar un poco el *tempo*. Tempo y temperamento están relacionados, ¿sabes?

El chico parecía saber de qué hablaba, así que decidí darle una oportunidad. Pensé en la vez que vi a Michael hacer tres volteretas laterales en mi cuarto. Fue en respuesta a mi comprensión final de un concepto suyo con el que tenía dificultad. Me dijo que era lo que un niño habría hecho. Verle moverse así, con esa estatura, alrededor de los muebles de mi pequeño salón, fue algo digno de presenciar. Ese recuerdo me hizo reír.

—Genial —dijo Sam—. Ahora, ¿cómo te sientes?

—Tengo que admitirlo, me siento algo mejor —respondí.

Era cierto. Sonreír alivió inmediatamente mucha de la tensión. El dolor de cabeza no se había ido del todo, pero el pálpito en la sien había cedido. Era soportable. Si tenía que pasar el resto del día sintiéndome así, sería llevadero. Pensar eso me hizo sonreír aún más. Por supuesto, Sam seguía sonriendo; pero eso ya no me molestaba tanto.

—Eso es lo que deberías hacer siempre que te quieras sentir mejor. Sirve para todo, incluso para el nerviosismo o el miedo escénico —reveló—. Y, además, es contagioso: la gente a tu alrededor también empezará a sonreír.

—Lo recordaré. No tengo miedo escénico, pero lo probaré para lo demás.

—Oh, sé que lo harás —dijo.

No estaba seguro de a qué se refería, así que lo dejé correr.

—¿Qué hago ahora? —pregunté.

—Deberías bendecir tu dolor de cabeza.

—¿Qué?

—Bendecirlo —repitió—. Agradecer lo que te está diciendo. Eso es importante.

—¿Qué quieres decir con «bendecirlo»? No quiero este dolor de cabeza. No lo pedí, y por descontado no quiero bendecirlo. No sé lo que me está diciendo, pero yo sí te digo a ti que no necesitas pasar más tiempo con ese amigo tuyo porque esta vez, chico, te equivocas.

Sin dejar de sonreír, me demostró que era yo quien se equivocaba.

—Quizá no lo pediste, pero deberías dar las gracias por él. Es un indicador.

—¿Un qué?

—Cuando tu coche empieza a quedarse sin gasolina, una pequeña luz indicadora se enciende como advertencia. Eso es una bendición. Tu actitud hacia la luz debería ser de gratitud. No te cabreas y te entran ganas de romperla, ¿verdad? Tampoco coges algo para hacer que se vaya. Te alegras de que esa luz te avise, y sabes que si no le prestas atención puedes tener un problema mayor.

»Así que lo que tienes que hacer es tratar tu dolor de cabeza como esa pequeña luz. Cuando el dolor aparezca, en primer lugar, deberías dar gracias por él. Piensa que está aquí como una advertencia previa, así que hazle caso de inmediato en cuanto lo notes. En otras palabras: si haces las cosas a tiempo, puedes eliminar el problema antes de que lo sea. Guay, ¿eh?

—Una vez que reconozca las señales de precaución, ¿cómo me libro del dolor de cabeza? —le pregunté. Lo que decía tenía mucho sentido, y me interesaba escuchar el resto.

—Necesitas adivinar de qué te está avisando. ¿Cuál es el origen? No basta con reconocer las señales; tienes que llegar a la causa fundamental del problema. He oído que te cuesta dar con la fundamental —guiñó el ojo izquierdo y mostró una sonrisa «michaelesca»—. Bien, a veces la causa puede estar enterrada a mucha profundidad, pero hay que desenterrarla; hay que sacarla a la luz para que puedas trabajarla y prevenirla en el futuro.

«En este caso, es fácil. Sólo necesitas beber más agua y menos zumo. En otros casos, las causas pueden ser mucho más profundas. Tienes que tratarlas por fases. Lo más importante es que tienes que lidiar con ellas.

—De acuerdo, dices que tengo que beber más agua. ¿Es esa la causa de mi dolor de cabeza? ¿Beber más agua hará que se vaya?

—Quizá sí, quizá no. Depende de ti. Pero incluso si no, deberías estar contento de que la luz indicadora se encienda. Y deberías agradecerlo.

—¿Agradecerlo? —pregunté, quizá con más agresividad de la debida—. ¿Agradecer mi dolor de cabeza?

—¡Por supuesto! —respondió el chico sonriente—. Si no fuera por tu dolor de cabeza, quizá no sabrías que tu cuerpo está deshidratado hasta que fuera demasiado tarde. Así que sí, ahora deberías estar agradeciendo y bendiciendo tu dolor de cabeza. Es lo que yo creo.

Por alguna razón, quizá porque no había nadie más por allí, decidí probar. Le dije a mi dolor de cabeza que estaba orgulloso y feliz de que actuase como un sistema de alarma. Le di las gracias por aparecer y por encaminarme hacia la mejoría. También le animé a volver siempre que lo necesitase. Me sentí bien al darle las gracias a mi dolor de cabeza. Y para mi sorpresa, cuando terminé había desaparecido.

—¿Cómo te sientes? —preguntó Sam.

—¡Me siento genial! ¡El dolor de cabeza se ha ido! —exclamé.

Sin dudarlo, Sam se levantó y dio tres volteretas laterales alrededor de mi salón justo como vi hacer a Michael. Su pequeño cuerpo giró tan rápidamente que casi me perdí aquella exhibición. Fue asombroso que lo hiciera sin tirar nada en un espacio tan pequeño. Entonces caí. ¿Dije en voz alta lo de Michael haciendo volteretas laterales, o había Sam...? Espera, ¿cómo lo sabía? *Tengo mis dudas sobre este chico*, me dije a mí mismo, ¿o lo dije para mis adentros?

—Un dolor de cabeza puede enseñarnos mucho sobre la medida —dijo Sam cuando terminó su número.

—¿Y eso? —pregunté.

—Vienen en el momento justo. Imagínate si apareciesen cuando nuestro cuerpo ya se hubiese colapsado.

—Supongo que tienes razón.

—Y hablando de medida...— Hizo una pausa y miró en su bolsa de mano.

Escuchar su amable y aguda voz me recordó que estaba tratando con un muchacho, pero también me di cuenta de que eso ya no me molestaba. El orgullo había cedido.

De su bolsa, sacó una caja de ritmos y la enchufó a un canal libre de mi ampli de bajo. Sin encenderla, me pasó el bajo y me pidió que tocase.

—¿Tocar qué? —pregunté.

—Me dijo que también dirías eso —comentó el jovenzuelo—. Toca lo que quieras. Toca algo que tocarías con un grupo.

Pensé un momento y me puse a tocar un lick familiar. Sam me interrumpió rápidamente.

—Se nota que has tocado ese lick un millón de veces, ¿verdad?

Por supuesto, estaba en lo cierto. «Sí», respondí algo avergonzado.

—De acuerdo, ahora deja de pensarlo. Tu *ritmo* es un desastre. Has tocado el bajo y ese lick tanto tiempo que no ya deberías pensar más en ellos. Si tienes que pensar constantemente, se notará cuando toques. Y si no haces más que tocar licks con el bajo, ¿cuándo empezarás a tocar música?

—¡Guau! ¿Estás seguro de que sólo tienes once años? —pregunté, sin esperar respuesta. Era un buen argumento. No: era muy bueno—. ¿En qué debería pensar entonces? —pregunté.

—Bueno, de momento piensa en la medida, porque cuando tocas solo no es demasiado buena. Cuando tocas con un batería, sí *es* buena. Así que te recomiendo escuchar al batería mientras tocas. Incluso antes de empezar a tocar, escúchale mentalmente. Esta vez, haz eso durante unos pocos compases antes de empezar.

Seguí su consejo e imaginé a un batería tocando un ritmo constante. Cuando estuve listo, empecé a tocar con él. Esta vez, incluso *yo* sabía que lo había hecho mejor. Me sentí bien. Podía ver a Sam meneando la cabeza con el ritmo como un pequeño muñeco cabezón. Entonces toqué una nota falsa y mi atención se fue al bajo. Sam también la oyó.

—¡No! —gritó—. Para este ejercicio, pon toda tu atención en el batería. No tienes que pensar en el bajo para nada, incluso si te equivocas.

Hice caso a la amable petición de Sam y seguí tocando un poco más. También me dio más ideas para experimentar. En un momento dado, me pidió que imaginase una explosión en el primer tiempo de cada compás, asegurándome que eso me metería de lleno en el ritmo. Y lo hizo.

Sam me sugirió que cuando estuviese en un bolo dividiese mi atención entre mí y el resto del grupo, pero para esos ejercicios específicos debía centrarme en los puntos principales que me estaba señalando.

El jovencito encendió entonces la caja de ritmos que ya había programado con un patrón de cuatro compases. Me pidió que tocara un simple *groove* sin hacer ningún solo. Lo hice hasta que me sentí cómodo. Entonces hizo un cambio en el aparato. Puso el mismo modelo, pero esta vez el cuarto compás estaba completamente vacío. Durante uno de los compases, estaba tocando sin batería. Esto era para comprobar si era capaz de mantener el tempo yo solo y volver a él en el primer tiempo. El aparato me haría saber si era correcto o no.

Una vez que pude hacerlo, Sam repitió el ejercicio dos veces más; primero dejando fuera los compases tres y cuatro, y después dejando fuera los compases dos, tres y cuatro. Eso me dejó un único compás completo para encontrar el ritmo y tres para mantenerlo. Me dio tiempo para hacerme con cada nivel, a medida que el ejercicio se iba volviendo más difícil.

—Incluso si la batería no toca —me dijo—, el pulso sigue ahí. Tienes que agarrarte a ese pulso tan rápidamente como puedas y fijarlo dentro de tu cuerpo. Es muy importante que lo hagas. Así sentirás dónde tienes que estar en todo momento.

Sabía a qué se refería. Cuando tocas con un buen batería, es fácil sentir el pulso. Incluso aunque diferentes baterías suelen tener distintos pulsos, estaba de acuerdo con Sam. Si *yo* estaba realmente «en el groove», indudablemente sería capaz de sentir el pulso.

—Ahora voy a ponerlo un poquitín más difícil —dijo—. Esto nos dirá hasta qué punto estás «metido».

Cambió otra vez la caja de ritmos. Aún había cuatro compases; pero sólo se escuchaba un pulso, programado para tocar únicamente en el primer tiempo. Tenía un pulso de dieciséis para pillar el tempo, nada más. No puede ir en serio, pensé. Pues sí iba, sí. Algo intimidado, cerré los ojos y escuché con atención.

Para mi sorpresa, pude hacerlo. Aún podía sentir el pulso, y me ceñí a él. Era un poco extraño. Incluso aunque no sonaba ningún pulso audible, estaba claro que podía sentirlo. Con sólo un tiempo para guiarme, llevé un tempo perfecto durante los siguientes quince tiempos. Estaba tan contento que me dieron ganas de hacer tres volteretas. Abrí los ojos y vi a Sam jugueteando de nuevo con la caja de ritmos. Volvió a cambiarlo al programa original de cuatro compases completos.

—Ahora vamos a empezar de nuevo —continuó—. Toca el mismo groove, pero esta vez empieza a añadir pequeños solos al final de los compases.

Aquello fue fácil de hacer hasta que la caja de ritmos empezó a omitir compases. Fue entonces cuando me di cuenta de que mi atención se iba cada vez que tocaba un solo. Me aceleraba como un loco en cada uno de ellos, y la caja de ritmos me hacía darme cuenta. Sam señaló que durante los solos mi atención volvía al bajo y el *groove* se resentía de ello. Aquello era un gran «¡no, no!». «Recuerda», dijo, «para este ejercicio mantén tu atención en el pulso, no en lo que estás tocando».

Cuando conseguí hacerlo bien en cada fase del ejercicio, empezó todo el proceso de nuevo, pidiéndome esta vez que «soleaese» todo el tiempo. Era difícil. Tratar de adivinar qué tocar y mantener el pulso era más fácil de decir que de hacer. Lo hice bien en las primeras fases del ejercicio, pero cuando llegué a lo de escuchar un solo tiempo de dieciséis, estaba totalmente perdido.

Sam levantó su mano para detenerme y habló. «Cuando llegues al punto donde puedas hacer un solo con un único tiempo cada cuatro compases sin perder el pulso, tocar con un batería, incluso con uno malo, estará chupado. Mira, déjame enseñártelo».

Cogió mi bajo y tocó un groove muy sólido sobre el diseño de únicamente un tiempo. Estaba pasmado. Este chicho de once años tocaba genial, y no paraba de sonreír. *Quizá sea esa la clave.* Si funcionó con mi dolor de cabeza, quizá podría funcionar con mi groove.

Entonces se puso a tocar el mejor solo de bajo que había oído en mucho tiempo. Empezó con un diseño de semicorcheas que dejaba un silencio en el primer tiempo sólo para que yo supiese que estaba justo ahí. No se desvió del pulso ni un poco. Y cuando pensaba que no podía hacerlo mejor, Sam lo llevó a otro nivel.

—Hay un nivel más de la parte «un tiempo» de este ejercicio —me dijo Sam—. Es un nivel avanzado. No estás listo para esto, pero te lo enseñaré igualmente si quieres.

—No puedo imaginar nada más increíble que lo que acabas de hacer; pero sí, enséñamelo, por favor.

—Antes, cuando estábamos tocando, nos centramos en sentir el pulso —dijo—. Sentir el pulso era lo que nos permitía mantener el tempo. Ahora, el objetivo será perder el pulso completamente. No nos centremos en él. Voy a hacerlo lo mejor que pueda para no tener ni idea de dónde está. Voy a dejar que la sensación en mi cuerpo me diga cuántos tiempos han pasado; entonces trataré de adivinarlo y ver si puedo tocar en el tiempo uno.

Volvió a tocar sobre el modelo de «sólo - un - tiempo» en la caja de ritmos. Al principio lo mantuvo con su increíble groove, pero después empezó a tocar diseños indiscriminadamente, sin un ritmo concreto. Era bastante impresionante, pero nada comparable a lo que estaba a punto de enseñarme.

—Baja el volumen del todo —me dijo—. Hay una luz intermitente en la caja de ritmos que te dirá dónde está el tiempo uno. Yo no voy a mirarla, pero voy a intentar llevar el tiempo con ella. Tú ve diciéndome si acierto.

Hice lo que me había pedido cuando, de pronto, se quitó el bajo y se fue a la cocina. Mis ojos iban como locos de él a la caja de ritmos. No sabía qué pensaba hacer. Pude oír cómo se servía un vaso de zumo de naranja. Excepto por el sonido del zumo cayendo sobre el vaso, la habitación estaba en silencio. Entonces, desde la cocina, le oí gritar: «¡Uno!» Yo miraba a la luz de la caja de ritmos e iba justo con ella. Era increíble. Aún hoy sigo sin creerlo. Su voz y la luz parpadeante estaban completamente sincronizadas.

Miré mientras bajaba al vestíbulo y entraba al baño. Se alivió y tiró de la cadena. Después de lavarse las manos, volvió a gritar, «¡Uno!» Parecía imposible. Si no estuviese siendo testigo, jamás habría creído que la medida de alguien pudiese ser tan buena. Volvió al salón y se sentó junto a mí en el sofá. Me miró directamente a los ojos como Michael había hecho muchas veces. Esta vez, no sonreía.

Su voz se volvió grave. «La Música está viva, y si tienes eso en cuenta, ella te hablará. Sentirás su pulso. Ese es el latido de su corazón. Si prestas la debida atención, no importará si estás en otra habitación o en otro estado: seguirás sintiéndolo».

Al decir esto, Sam me pareció mucho mayor. Su voz tenía el tono de alguien mucho más sabio de lo que lo que cabría esperar en alguien de su edad. Siguió hablando y le escuché atentamente.

—No tiene por qué llevarte mucho tiempo aprender lo que acabo de hacer. La Música se toca con la mente, no con el cuerpo. Así que haz todo lo que puedas para ejercitar la mente. ¡Eso es muy importante! ¿De acuerdo? —Después de decir aquello se levantó para marcharse.

Yo estaba conmocionado.

—¿No deberías estar en el colegio? —bromeé.

—Esto es el colegio, ¿no? —respondió, sonriendo otra vez. Entonces se dio la vuelta y se marchó.

Mientras le veía cerrar la puerta, me quedé allí sentado alucinando con el chaval que me acababa de dar una clase de música. Incluso aunque me sentía algo avergonzado por la situación, me habría gustado que alguien más hubiese sido testigo de lo que acababa de vivir. Sabía que nadie me creería si se lo contase. Me senté en el sofá y traté de recordar todo lo que Sam me había enseñado.

Al levantarme para servirme un vaso de agua, me di cuenta de que se había dejado la caja de ritmos. ¿Cómo podría encontrarle para devolvérsela? No sabía quién era ni dónde vivía. La miré y vi que aún estaba funcionando. Justo entonces, oí abrirse la puerta. Era Sam.

—¡Uno! —gritó, justo al parpadear la luz—. Puedes quedártela. Gracias por este día tan divertido, señor. La medida lo es todo, ¿no?

Me senté, aturdido y en silencio.

COMPÁS OCHO

TONO[9]

Los médicos usan los láseres para operar. La música,
en las manos adecuadas, puede hacer lo mismo.

El mismo día, después de que Sam se marchase, iba conduciendo por el centro. No había visto a Michael en todo el día y me resistía a irme de casa por miedo a no verle. Quería hacerle algunas preguntas sobre Sam. Me dijo que había sido alumno de Michael unos doce años antes. Dado que sólo tenía once, su afirmación me sugería unas cuantas preguntas.

Conducía a través de una parte de la ciudad bastante deteriorada cuando vi a alguien que se parecía a Michael. Di la vuelta al bloque para echar otro vistazo y comprobé que, efectivamente, era él. Estaba sentado en la hierba, hablando con un vagabundo. La

---

9   «Tono» es un término con varios significados en el contexto musical. Puede referirse al intervalo que en el sistema temperado equivale a un sexto de octava, y también a la tonalidad en la que se está tocando. Aquí se utiliza para referirse a una determinada cualidad del sonido que le confiere personalidad y depende de varios factores: instrumento, amplificación, forma de tocar y rango de graves y agudos. (N. del t.).

ropa de Michael era incluso más andrajosa y vieja de lo habitual. Él mismo parecía un indigente. No estaba seguro de que quisiera que le viese así, pero justo cuando había decidido aproximarme se puso de pie y me hizo señales de que parase. Aparqué el coche, cerré la puerta y me acerqué a él.

—Has tardao mucho. Pensaba que nunca ibas a aparecé —dijo Michael.

—¿Pensabas qué? —pregunté. Nunca sabía si iba en serio cuando hablaba así o si sólo improvisaba. Pensé que daba igual. Además, su nuevo dialecto me confundía.

—Ehte es el Tío Clide —dijo—. Es de New Orlíns, pero vive ahí al lao bajo'l puente. Siempre está aquí sentao y hablamos a menúo de tó. Ahora 'tamos intentando sabé si la Vida ehtá viva o no. Yo digo que zí, y Clide tambié. Tamos intentando imaginá cómo alguien podría decí que no lo ehtá.

El Tío Clyde era un hombre maduro. Parecía mucho mayor que Michael; pero como no sabía la edad de Michael, la de Clyde era también un misterio. Su piel era oscura, al igual que su pelo corto y desaliñado. Su bigote canoso y su poblada barba ocultaban sus labios, pero no oscurecían del todo su pacífica sonrisa. Aunque se le veía anciano, tenía una piel tersa y unos dientes rectos y blancos.

Su actitud no era como la de la mayoría de los vagabundos. Parecía feliz y jovial, como si estuviese exactamente donde quería estar. Y a diferencia de otros sin techo que había visto por esa zona, no llevaba nada consigo. Ni bolsa ni carrito con todas sus posesiones apiladas. Su ropa, aunque andrajosa, no estaba sucia; sólo muy gastada, como si le gustase así.

—Tú debe sé er músico der que Michael me estaba hablando —dijo el Tío Clyde—. Dice que ere mú güeno pero que aún no lo zabes. Ven y deja que te eshe un vihtazo.

Miré a Michael.

—Venga, hijo. Ehtá bien —añadió Michael, haciendo gestos hacia Tío Clyde.

Podía entender que Clyde hablase así, pero era extraño oír a Michael expresarse de esa forma. Si hubiese escuchado esa voz al teléfono no habría creído que era él.

Me acerqué donde el Tío Clyde estaba sentado. Se puso en pie lentamente, como si le doliera cada hueso del cuerpo, y procedió a examinarme. La forma en que se movía me hizo pensar que quizá debería ser yo quien le examinase a él.

Empezó mirando mechones de mi pelo muy de cerca. Incluso tiró de uno de ellos (que me dolió, por cierto) y se lo enseñó a Michael. Hablaron un momento de ello, pero no pude oír lo que decían.

Entonces bajó por mi cuerpo y fue examinándolo todo, desde la cabeza hasta los pies. Tuve incluso que quitarme los zapatos a petición suya. «Lleva siempre calcetines y ropa interior limpia, hijo. Nunca se sabe cuándo un vagabundo va a hacerte un chequeo», casi podía oír decir a mi madre. Miré a Michael durante todo el proceso, que fue largo. Me instó con sus miradas a dejarle hacer.

Cuando terminó, Tío Clyde miró a Michael y dijo:

—Creo que si la palabra vida sin-nifica que algo ehtá vivo, entonces eso debe sin-nificá que la Vida ehtá viva.

—Tiene mucho sentido —respondió Michael.

—Espera un minuto —interrumpí con impaciencia—. ¿No vais a decirme lo que habéis encontrado?

—¿Sobre qué? —preguntaron al unísono.

—¡Sobre mí! Acabas de revisar todo mi cuerpo de pies a cabeza. ¿No vas a decirme nada?

Michael miró al Tío Clyde y yo también lo hice.

—Bueno, lo ciet-to es que tu cuep-po no me preocupa demasiao —dijo Clyde bajando al suelo—. Sólo lo et-taba mirando pa vet-te a ti. Quería vé si ereh lo que Michael dice que ereh. Tú sabe cómo es-sagera la verdá a veceh.

Sabía a qué se refería, pero no era momento de discutir cómo Michael manipulaba la verdad. Tenía más curiosidad por saber otras cosas. «¿Qué te dice mi cuerpo de mí?» pregunté.

—Bueno, si quieres sabel-lo supongo que et-tá bien contat-te un par de cosas. ¿Lo crees, Michael? —Escrutó a Michael en busca de aprobación. Michael asintió con la cabeza.

—Tu cuep-po —dijo Clyde— resuena con una ciet-ta vibración. Esa vibración produce un *tono* que yo puedo leé, dependiendo del estao de tu alma. É más o meno como un ingeniero lee loh tonoh de la Música. Mira, tu alma tiene un plan pa ti. Ahora ni tú mihmo sabeh cuál é, puedo vel-lo, pero tu alma y tú ehtái a punto de encontraro. Siempre é emocionante cuando eso pasa en la Vida de una persona. A algunah personah les pasa anteh de llegá aquí. Eso no é nada divet-tido. Aquí é donde et-tá la gracia. Quiero volvé a vet-te en unos añoh —. Se volvió y miró a Michael.

—Sé que eso é ved-dá —comentó Michael. Ambos se rieron.

—¿También sabes música, Tío Clyde? —pregunté. No sabía por qué le preguntaba sobre música cuando me estaba diciendo cosas tan interesantes sobre mí mismo.

—Oh, sí, hijo. Hago Música; y un día, cuando te déh cuenta de cómo hacé argo más que tocá er bajo, tú tambié empezaráh a hacé música.

¿Dejar de tocar el bajo? Era la segunda vez que alguien me lo decía ese día. ¿A qué se refería? Estaba a punto de preguntar cuando Michael se entrometió.

—En mi opinión, el Tío Clyde es el mejor armonicista del planeta —dijo.

—Sí lo soy, pero no estamo hablando de mí, ¿no? —respondió Clyde—. Pero dejam-me que os cuente un secreto: sé un poco de tó. Y tú tambié. Eso é lo que et-táh a punto de descubrí.

—¿Eso é lo que et-toi a...? Quiero decir: ¿eso es lo que estoy a punto de descubrir? ¿Qué quiere decir eso? —pregunté.

—Pa ti aún no sinnifica ná —respondió—. En su momento, hijo, en su momento. Mantente cerca de Michael. Te irá bien. Pero si empieza a tratat-te mal, o se mete demasiao contigo, ven a vé al tío Clyde. Et-taré aquí bajo el puente —Miró a Michael, y ambos empezaron a reírse de nuevo.

En ese momento oí un fuerte chirrido. Nos volvimos a mirar y vimos un coche tratando desesperadamente de apartarse del camino de un peatón que cruzaba. El coche golpeó al hombre y lo lanzó por el aire a través de la calle. Fue doloroso verlo. Aterrizó en el bordillo, aparentemente inconsciente. Pasó tan rápido y tan lento a la vez que no parecía real.

Michael, Clyde y yo corrimos al escenario. Fue después cuando recordé cómo Clyde «el lento» corrió con estilo para auxiliar a aquel hombre. Pensaba que estaba casi inválido. Michael me contaría después que Clyde ha elegido vivir y actuar como lo hace porque así la gente suele dejarle en paz. También me diría que Clyde siempre dice: «Hasta el gobierno deja en paz a un viejo vagabundo inválido». Nunca se me había ocurrido que una persona pudiese elegir vivir de esa forma. Traté de entender la postura de Clyde, pero las comodidades a las que estoy acostumbrado no me lo permitieron.

Cuando llegamos al lugar donde estaba el herido, le encontramos en el suelo con los ojos cerrados. Parecía estar sangrando gravemente por la parte derecha de la cabeza. El conductor del coche estaba ileso. Llegó corriendo para ayudar, pero no sabía qué hacer. Michael y Clyde se quedaron allí unos segundos mirando al herido. Para entonces, había más gente alrededor de él, pero nadie sabía cómo actuar.

Michael se arrodilló y puso la cabeza del herido en su regazo. Clyde se arrodilló frente a él. *No le toquéis, chicos*, pensé. No sabía si el hombre respiraba o no, pero a Michael no parecía importarle. Empezó a cantar una dulce melodía al tiempo que golpeaba con suavidad su frente. Tío Clyde estaba allí sentado y cabeceaba levemente; no asentía al ritmo de la canción de Michael, sino que estaba más bien metido en su mundo. Los mirones... Pues eso, miraban. No parecía preocuparles ver a dos vagabundos acariciando y cantando a un hombre herido. O quizá estaban paralizados de incredulidad, al igual que yo.

De vez en cuando, Tío Clyde movía la mano sobre el pecho del hombre como si estuviese acariciando el aire. Era un movimiento delicado, que casi pasaba inadvertido. Michael siguió cantando suavemente, sin dejar de sonreír todo el tiempo.

Después de unos intensos minutos, Michael y Clyde se miraron. Parecía como si tuviesen un plan, pero no sabía cuáles podían ser sus intenciones. El resto permanecimos en silencio.

Michael mantuvo su mano derecha en la frente del herido mientras que Clyde puso la suya en el pecho del hombre. Unieron sus manos izquierdas. Michael dejó de cantar por un momento, y entonces el cuerpo del hombre tuvo una contracción; o, más concretamente, saltó.

Oímos una sirena muy fuerte. Michael puso la cabeza del hombre en el suelo. Mientras todos se volvían para mirar a la ambulancia que llegaba, Michael y Clyde se pusieron de pie y atravesaron la multitud con aire despreocupado. Sin mirarse, se marcharon en distintas direcciones como si su salida estuviese planeada.

Cuando Michael pasó, me hizo señas para que le siguiera. Tampoco me miró a mí. Miré hacia atrás y vi que el herido estaba sentado, frotándose los ojos. Me di cuenta de que ya no sangraba por la cabeza. Yo estaba estupefacto y confuso. Empezaron inmediatamente a venirme preguntas a la cabeza. Cuando me volví para preguntar a Michael, se había ido.

Cuando llegué al coche, encontré a Michael sentado dentro. Entonces me dijo que el herido se pondría bien. Le pregunté si teníamos que recoger al Tío Clyde. Me dijo que Clyde también estaría bien. Pudimos oír cómo se marchaba la ambulancia mientras arrancaba el coche. Sentía curiosidad por lo que acababa de pasar, pero esperé hasta que estuvimos en la carretera y todo había acabado antes de hacerle algunas preguntas más.

—¿Qué ha pasado, Michael? Sé que has hecho algo. ¿Qué acabas de hacer?

—He ayudado a su cuerpo a reorganizarse —respondió, al tiempo que apoyaba la cabeza en la ventanilla y cerraba los ojos. Era la primera vez que le veía cansado.

—¿Qué quieres decir con «reorganizar»? —pregunté.

—Su cuerpo había sufrido un trauma muy fuerte y se había desorganizado. Mira, cada parte del cuerpo humano puede actuar como una entidad individual. Habitualmente trabajan juntas, pero cuando pasa algo así todas las partes pueden separarse e ir por libre. Clyde y yo le hemos ayudado a traerlas de vuelta y unirlas. Es la mejor forma que se me ocurre de explicarlo.

—¿Y lo has hecho cantando?

—En parte.

—¿Qué más has hecho? —pregunté.

Michael se sentó y habló.

—¿Has estado alguna vez en un museo de ciencias y has visto la exposición que usa arena sobre una fina placa metálica? Coges un arco de violín y…

Le interrumpí:

—Y cuando frotas el borde de la placa con él, la arena adopta diferentes formas geométricas dependiendo de la nota que se esté tocando.

— Sí —convino Michael—. La arena responde a las diferentes alturas como la arcilla responde a las manos del alfarero. Pero con el cuerpo, no es sólo la altura lo importante; también es el tono del sonido lo que ayuda a producir el efecto que se desea.

—¿Puedes explicarme a qué te refieres con lo de tono?

—Tono puede significar muchas cosas. Puede referirse a la voz, al color o a la condición de los músculos. La tele tiene un botón de tono, y también el bajo lo tiene. Los fotógrafos y pintores, así como los atletas, hablan del tono. Pero como estamos hablando de Música, lo explicaré así —se puso cómodo en el asiento y continuó—: Imagina que vamos a bailar a un club nocturno. Entramos y el D.J. está poniendo Música muy alta. El equipo suena genial, la pista está llena y las chicas son guapas. ¿Qué harías?

—Buscaría a una chica guapa y la invitaría a bailar. —Me gustó la idea.

—¿Qué pasaría si, de repente, los altavoces de graves se rompieran y no hubiese graves saliendo del equipo? Imagínate el sonido. ¿Qué crees que pasaría entonces?

—La pista se vaciaría —respondí, cambiando mi anterior imagen mental.

—¡Exacto! ¿Por qué? —preguntó.

—Los altavoces de graves crean la frecuencia de graves —respondí—. Sacuden toda la sala.

— Sí, y también te sacuden todo el cuerpo —añadió—. Con un sistema potente puedes sentir cómo el bajo vibra a través de ti. Cuando tu cuerpo empieza a sacudirse, es como si ya estuvieras bailando con el sonido de los altavoces.

—Lo pillo. Y si los de graves se van, pierdo esa sensación y no me apetece seguir bailando —añadí.

—¿Incluso si las chicas son guapas? —preguntó sonriéndome.

—Correcto —reí.

—Muy bien —dijo, a la vez que apoyaba de nuevo la cabeza contra la ventanilla—. Mira, el tono es algo poderoso. Incluso aunque saliera la misma Música de los altavoces, el cambio de tono haría que todo el mundo en el club se sintiese de forma diferente y por tanto actuase de forma diferente. Así que, con eso en mente, piensa que las notas que produces en el bajo tendrán distinto efecto en el público dependiendo del tono que uses. Hay veces en las que el tono es el factor decisivo que hace que una persona te escuche o no.

—Nunca lo había visto así —afirmé.

—Si quieres hacer bailar al público, deberías usar un tono determinado. Si quieres que estén en silencio y escuchen, necesitarás otro. Si quieres curarles, otro tono totalmente diferente puede obrar el milagro. Todo lo que hice con ese hombre fue usar la altura y el tono para inducir a su energía a reorganizarse de forma que hiciese que su cuerpo sanara.

Quería entenderlo todo.

—¿Qué quieres decir con la palabra «inducir»? —pregunté.

—Cuando arreglas algo o curas a alguien, la elección de curarse o no curarse no es totalmente tuya. Nunca pienses lo contrario. Tú sólo tienes responsabilidad sobre lo que haces. La energía que tratas de recomponer debe estar de acuerdo con lo que deseas. Y a cierto nivel, la persona o cosa que curas o arreglas debe estar de acuerdo también. Hay que hacer muchos acuerdos previos. Por eso es por lo que no todos los intentos de curar se desarrollan como uno quisiera.

Esta información me resultaba extraña. Entendía lo que me estaba diciendo, pero no tenía idea de si era verdad. Sólo podía juzgarlo a través de lo que había presenciado. Michael tenía la habilidad de hacer comprensible cualquier cosa. Incluso si no lo pillaba del todo la primera vez, sabía que me lo volvería a explicar de otra forma. Me senté y esperé.

—Lo mismo sucede con la Música —continuó—. ¿Te has fijado alguna vez en que unos días parece que la tienes y otros días, en las mismas circunstancias, tocando las mismas canciones, no parece que la encuentres? ¿Crees que depende todo de ti, o tiene la Música algo que decir al respecto? La mayoría creemos que sólo depende de nosotros. Pero eso es un error.

La idea de que «la música tuviera algo que decir» era demasiado para mi entendimiento en ese instante. Habló de ella como si fuese real. Eso me hizo dudar. Sin saber qué pensar, decidí hacerle otra pregunta.

—Me he dado cuenta de que ha dejado de sangrarle la cabeza cuando te has ido. ¿Lo has hecho tú? Y si es así, ¿cómo le has curado tan rápidamente?

Me dio una típica respuesta de Michael.

—¿Rápido? ¿Qué es «rápido» sino un reflejo de tu propia perspectiva del tiempo? ¿Y qué es el tiempo sino una tergiversación del ahora? Mira lo que te digo: *toda* curación es instantánea. O estás enfermo o estás sano. No hay punto intermedio. Así que lo único que obstaculiza la curación instantánea es el *tiempo*.

—¡Guau! Supongo que tienes razón —dije, aunque sabía que tendría que pasar más tiempo reflexionando sobre esa idea—. Yo quiero entenderlo, de verdad que quiero. ¿Puedes expresarlo en términos que pueda ser capaz de comprender ahora mismo?

—A ver esto —dijo Michael—. Tiempo y espacio son lo único que separa una cosa de otra. Quita tiempo y espacio de la ecuación y ¿qué queda? ¡La unidad! ¡Ya está! Pero aunque podríamos decir que tiempo y espacio son ilusiones, también son importantes. Sirven a un propósito. Sin ellos no seríamos capaces de observar y experimentar la individualidad. El juego se acabaría.

—¿Quieres decir el juego de la vida? —pregunté.

—Sí; o, en cualquier caso, la Vida tal como la conocemos. Mira: cuando sueñas, se te permite desempeñar distintos roles. Los sueños permiten al subconsciente manifestarse de forma inmediata. Cualquier cosa que quieras ser, ahí la tienes. Cualquier cosa, la desees o no, está allí creada para ti.

»Ahora bien: la *vida real*, como la llama la mayoría de la gente, se puede ver como "imaginación a largo plazo", un sitio donde las cosas llevan su tiempo. La adición de tiempo y espacio ralentiza nuestra realidad, y créeme cuando te digo que eso es una bendición. En otras palabras: tiempo y espacio nos permiten detenernos y oler las rosas…o pincharnos con sus espinas. Si aprendes a manipular estos elementos, jugarás a un juego totalmente distinto. La elección, incluso si es inconsciente, es siempre tuya.

—Increíble —repuse—. ¿Y la música? ¿Cómo encaja en este escenario?

—Con la Música ocurre lo mismo —continuó—. En realidad sólo existe una nota. El espacio y el tiempo te permiten experimentar las diferentes características de esa nota, y la hacen aparecer como muchas notas diferentes. Entender eso te ayudará a hacer que cualquier nota encaje en cualquier momento. Cómo lo veas depende siempre de ti. Piénsalo: la Música y la Vida serían diferentes sin el tiempo y el espacio.

—Vale, creo que ahora estoy aún más confundido —le dije.

—Míralo de este modo —dijo—. Si una persona tiene un resfriado y respira sobre ti, ¿te arriesgas a coger ese resfriado?

—Claro —respondí.

—Bien; entonces, ¿no tiene sentido que también funcione al revés? Si yo estoy sano y tú estás enfermo, ¿no debería mi estado de buena salud contagiársete? ¿No debería poder hacer que mejorases?

—Eso tiene sentido, supongo —contesté—, aunque nunca he oído a nadie hablar así antes. Así que ¿eso es lo que le hiciste a ese hombre? ¿Le impusiste tu estado de buena salud?

—Sí, en cierto sentido —respondió Michael—. Y ahora entenderás que mantenerte sano no sólo te beneficia a ti. Al estar sano, yo tenía un modelo que podía imponerle. Es una forma de ayudar a los otros a encontrar la salud. Piensa en la palabra: *curarte*. Está formada por dos términos: «curar-te». Así que puedes elegir curar-te a ti o curar a tu hermano. La elección es tuya.

»Al igual que cuando se toca un instrumento, se pueden usar muchas técnicas. Yo usé los tonos, tonos curativos. Cuando llegamos donde estaba el hombre, Clyde y yo escuchamos para ver cómo resonaba su cuerpo. Sólo en ese momento pudimos elegir los tonos curativos que íbamos a emplear. Entonces, como el arco de violín en la exposición de ciencias, usé las vibraciones de mi voz para alterar los tonos de su cuerpo. Tenía que reorganizarlos y llevarlos a un estado más armonioso. No necesité cantar fuerte porque las vibraciones viajaban a través de mi mano hacia dentro de su cabeza. Eso produjo una conexión directa. Pero los tonos tienen que ser los correctos para producir el efecto deseado.

—Intento entenderlo, Michael, de veras. ¿Qué hizo Clyde?

—Clyde me ayudó a empujar y, en cierto modo, a conducir las vibraciones de su cuerpo en la dirección correcta. ¿Recuerdas cuando dije que todas las partes del cuerpo corrían en distintas direcciones? Bien, pues sus energías estaban dispersas. Clyde me ayudó a reorientarlas. Una vez que decidieron reagruparse unimos nuestras manos, dijimos «gracias» rápidamente y nos marchamos.

—Vi cómo su cuerpo saltaba —afirmé.

—El alma se separa a veces del cuerpo en este tipo de situaciones para proteger a la persona de un dolor extremo. Al regresar, el cuerpo a veces salta. Eso es todo.

«¡Eso es todo!» Aún siendo una experiencia tan extraña, había algo que parecía darle sentido. «Es de locos, pero por alguna razón suena muy natural. Tíos, sois demasiado para mí. Ahora es cuando me decís que puedo hacer algo así con el bajo, ¿verdad?»

—No creo que tenga que decírtelo. Ya lo sabes. La Música, como todo lo demás, está hecha de vibraciones. Los médicos usan láseres para operar. ¿Qué son los láseres sino vibraciones? La Música, en las manos adecuadas, puede hacer lo mismo. Recuerda esto: las notas adecuadas no pueden hacerlo por sí solas. Lo que debe usarse es el tono correcto, al igual que la dinámica y la emoción. De hecho, todos los elementos de la Música deben estar presentes. Son como los elementos que forman la Vida.

Los elementos de la música. Los elementos de la vida. Yo podía decir las mismas palabras, pero de algún modo sabía que no tenían el mismo significado. Él había dicho que eran los mismos elementos. A veces me sentía capaz de seguirle, pero otras veces me sentía totalmente confundido. Este era uno de mis momentos de confusión. Mi deseo de entenderlo todo a la vez me frustraba. Quería más respuestas aun sin estar seguro de las preguntas. Michael alivió mi confusión con unas palabras tranquilizadoras.

—Dices que nos has visto curar a un hombre herido en la calle. Si coges a Clyde, al herido y a mí, y eliminas los elementos de tiempo y espacio, ¿cuántas personas había allí?

—Una —respondí.

—Elimina tiempo y espacio y dime cuántas personas había en la escena.

—Una —contesté de nuevo.

—¿Cuántas personas hay en el mundo?

—Una.

—¿Cuántas hay en la galaxia?

De nuevo tuve que responder: «Una».

—¿Y esa persona está enferma o sana?

—Sana, espero —respondí.

—¡Entonces haz que sea así! —Dicho lo cual, se volvió y se puso a mirar por la ventanilla. No respondí.

Mientras conducía, reflexioné sobre las muchas ideas nuevas que Michael me había transmitido en el poco tiempo que le conocía. Muchas cosas que le había visto hacer eran imposibles, o eso había creído yo. Anhelaba aprender a hacer todo aquello, y él era la persona perfecta para enseñarme, o eso pensaba. De algún modo, parecía tener la llave para abrir partes escondidas de mi cerebro, partes que nunca habían existido, o eso creía.

Ese día desarrollé un nuevo sentimiento de respeto por él. Ser testigo de cómo él y Clyde ayudaron a ese herido me descubrió otra faceta suya. Sabía que Michael estaba loco, y a veces actuaba como tal; pero verle aunar esfuerzos en una crisis como esa fue increíble. Se manejó de forma seria y directa, no con el comportamiento cuestionable y extravagante al que me tenía acostumbrado.

Recuerdo haberle oído protestar una vez sobre una teoría que tenía un reputado catedrático de física de una prestigiosa universidad. Michael estaba escandalizado, y afirmaba que la enseñanza del catedrático se basaba en la teoría y no en la experiencia o el conocimiento directo, por lo que no debería ser transmitida como verdad. Al darme cuenta de que el catedrático en cuestión daba clases en una universidad de la otra punta del país, pregunté a Michael cómo sabía lo que había en su currículum.

—Te lo dije: el conocimiento está en el aire —respondió—. Sólo necesito hablar con ese catedrático.

No acababa de creerle, así que le sugerí que llamase al catedrático si tenía algún problema con él.

—Buena idea —afirmó.

Sin dudarlo, cogió el teléfono y marcó. Me pregunté cómo sabía el número, y si me pagaría o no la conferencia. Pero lo que me dejó más perplejo fue escucharle hablar sobre física con aquel catedrático.

Michael habló en un tono que nunca le había oído. Usó palabras que no había escuchado en mi vida. No creí que estuviese hablando con alguien hasta que, como si me hubiese leído el pensamiento, me pidió que escuchase en silencio. Cogí el otro teléfono y escuché a escondidas mientras le daba al catedrático de física una lección de física. Estaba atónito. No tenía ni idea de que Michael supiese tanto sobre el tema. No podía entender una palabra de lo que decía, pero el catedrático sí parecía seguirle, aunque con algunas dudas.

Casi me reí en voz alta cuando el catedrático le preguntó a Michael cómo sabía tanto del tema. Michael respondió que eso no importaba. Era *lo que* él sabía lo importante. Le dijo al catedrático que permitiese al problema enseñarle física más que dejar que la física le enseñase sobre el problema. Entonces, después de enseñar a sus estudiantes a hacer lo mismo, podrían formar grupos de discusión basados en la observación, no clases unilaterales basadas en la teoría. Al final de la conversación, el catedrático se disculpó con Michael y le prometió modificar sus clases y métodos de enseñanza.

Acordarme de cómo Michael había hablado con tanta fluidez de física con el catedrático, a la vez que había congeniado perfectamente con un vagabundo en la calle, me hizo reflexionar sobre él y su misterioso conocimiento. Era asombroso que pudiese estar igualmente a gusto tratando con gente tan diversa como un catedrático de física, un vagabundo y un aspirante a bajista. También había curado a un herido cantándole en mitad de una multitud de mirones. No sabía qué pensar.

Al oírle hablar sobre el tono, me surgieron nuevas preguntas. Por lo que le había oído decir, podía alterar el cuerpo, la mente o la actitud de alguien sólo con cambiar el tono. ¿Era eso realmente posible? Pensé en cómo me sentía cuando escuchaba a algunos de mis músicos favoritos. Me encantaban sus tonos incluso siendo cada uno diferente del otro, y me di cuenta de que mi estado de ánimo solía cambiar siempre que les escuchaba. ¿Eran sus tonos los que me afectaban? Empezaba a ver el tono de forma mucho más amplia, y acabé entendiendo cómo se usa para llenar una pista de baile. Pero ¿cómo podría usarlo para hacer otras cosas, cosas más positivas, más misteriosas? Eso era lo que tendría que explorar.

Michael no había especificado adónde quería ir, así que le llevé a mi casa. Decidí esperar a estar dentro antes de bombardearle con más preguntas.

Al llegar allí, una sorpresa me aguardaba.

FRASEO

Cualquier cosa, incluso las acciones físicas, puede frasearse.

Cuando llegamos a mi casa, Tío Clyde ya estaba dentro, no fuera donde habría esperado la mayoría de la gente; y, por supuesto, sentado en la silla donde los amigos de Michael parecían encontrarse como en casa.

No me preguntéis cómo llegó allí antes que nosotros. Una vez dejamos la escena del accidente, Michael y yo nos metimos en el coche y fuimos derechos a casa. Hasta donde yo sabía, Clyde aún iba caminando cuando nos fuimos. El hecho de que ya estuviera en la casa no me sorprendió ni me molestó, aunque estaba seguro de haber dejado la puerta cerrada. Me alegré de verle. No me sentí bien abandonándole en la escena. Habría querido recogerle, pero Michael parecía tener claro lo que había que hacer.

—Hola, Tío Clyde.

—Cómostás, hijo. —Tío Clyde parecía sentirse relajado en mi casa. Estaba sentado en el mismo lugar en el que habían estado Michael y Sam. *Supongo que Clyde me dará la clase hoy.*

—Veo que tampoco te hace falta ninguna pista[10] —bromeé.

Miró a Michael y ambos intercambiaron una sonrisa infantil.

—Tíos, lo que habéis hecho allí ha sido increíble —comenté.

—Gracias. Pero no podemos llevarnos todo el mérito —señaló Clyde—. Dado que la Vida estaba involucrada, es en parte suyo.

—Así que supongo que habéis decidido que la vida está viva.

—Ah, ya lo sabíamos. Simplemente intentábamos imaginar cómo alguien podría no estar de acuerdo.

Me di cuenta de que Clyde hablaba ahora en lo que podría llamarse un dialecto normal. No estaba seguro de si procedía o no comentarlo, pero decidí hacerlo igualmente.

—Tío Clyde, veo que tu voz es diferente ahora. ¿Por qué has cambiado tu forma de hablar?

Tío Clyde miró a Michael antes de responder.

—Cambiamos la forma de hablar según la situación en la que estamos o el efecto que queremos crear. La gente reacciona de cierta manera en respuesta a como actuamos. Entiendes cómo el tono de tu voz puede cambiar el significado de lo que dices, ¿verdad? Bien, pues puede cambiar también el significado de lo que tocas. Sé que Michael ya te ha hablado de eso. Así que quiero que entiendas esto: se pueden crear ciertas vibraciones y situaciones por medio de las palabras y *frases* que usamos. Es por eso que las elegimos cuidadosamente. A causa de cómo actúo, hablo y vivo la gente suele dejarme en paz. Y me guhta ehtá solo.

—Recuerda —añadió Michael—: las acciones, al igual que las palabras, son vibraciones, y la forma en que las unimos puede producir diferentes vibraciones, como si fueran notas. Una nota individual suena de una forma y produce una cierta vibración. Un grupo de notas puestas juntas produce diferentes vibraciones. Un grupo de acordes producirá a su vez vibraciones totalmente distintas. Por ejemplo, un grupo de vibraciones puede producir una escala. Puede ser mayor, menor, disminuida o de cualquier tipo. Estas escalas producen diferentes sonidos y emociones. Un grupo más largo de notas, escalas o palabras enlazadas se llama

---

10 De nuevo hace referencia irónica al momento del capítulo «Groove» en el que Michael dice: «¿Para qué necesitas que te dé pistas? Yo no he necesitado ninguna para dar con tu casa». (N. del T.).

frase. Y una frase, construida de una determinada manera, puede obrar milagros.

—Una persona normal relaciona las frases sólo con las palabras —añadió Tío Clyde—. Los músicos vamos algo más allá y consideramos que las notas entran dentro de la categoría de frase. Michael y yo sabemos que cualquier cosa, incluyendo las acciones físicas, se pueden frasear, y eso nos ayuda a hacer lo que hacemos. Mira: todos los elementos de la Música pueden frasearse, no sólo las notas. Lo que has estado aprendiendo es cómo usar esos diferentes elementos.

De nuevo, era información nueva para mí. Y, también de nuevo, sólo entendía una parte. Sabía que ciertas frases sonaban mejor que otras, pero no entendía cómo se podía usar el fraseo para producir un efecto que se desea. Sí entendía que todas las cosas pueden agruparse o frasearse. O al menos, pensaba que lo entendía.

—Escucha, hijo, ¿cuántos años tienes? —preguntó Clyde.

—Veinticinco.

—Vamos a ver. Eso quiere decir que has estado vivo durante unos 9.000 días. Si te hubiesen dado un dólar por cada día que has estado vivo no podrías ni comprarte un coche nuevo. Piensa en ello. Ahora digamos que llegas a los cincuenta. Eso son sólo 18.250 días. Incluso si vives setenta años, sólo tendrás 25.550 días de edad, y eso sin contar los años bisiestos. Con un dólar por día no podrías ni comprarte una casa. Si le diéramos el mismo valor a los días que el que damos al dinero, nos daríamos cuenta de lo corto que es el valiosísimo tiempo que pasamos en este planeta.

Nunca había pensado en eso. Las ideas del anciano eran tan disparatadas como las de Michael, y me impresionó lo rápido que sumaba. Yo era incapaz. No estaba seguro de adónde quería ir a parar, pero mi madre siempre me dijo que respetara a los mayores. Como no había terminado, seguí escuchando.

—Ahora, veamos cómo muchoh de esoh 25.550 díah loh pasamos haciendo ná —continuó Clyde—. Digamos que duermes ocho horas diarias. Eso es un día de sueño cada tres, un total de 8.516 días. Réstalo de los 25.550 iniciales y te quedan sólo 17.034 días. Son menos de los que hay en cincuenta años. Añádele tus primeros días, cuando tomaban por ti la mayoría de las decisiones importantes, las horas que pasabas viendo la tele, el tiempo que estuviste enfermo, el que pasaste en un trabajo que no te gustaba y los días desaprovechados por una u otra razón. ¿Cuánto tiempo crees que te queda? Sólo unos miles de días, eso es todo. Y eso suponiendo que llegues a tu setenta cumpleaños. No es demasiado tiempo para llegar a ser quien dices que quieres ser si no aprendeh a usá tu mente.

Clyde se señaló la cabeza y después me señaló a mí. Se deslizó al borde del asiento y bajó la voz para enfatizar lo que iba a decir:

—Ahora escucha, hijo. ¿Cuánto de ese escaso y valioso tiempo que tienes lo pasas tratando de llegar a ser quien quieres ser? ¿Lo sabes? En realidad lo haces todo el tiempo, pero no eres consciente de ser *tú* quien lo elige. ¿Cuánto de ese tiempo pasas intentando mejorar de forma consciente? No mucho. Es probable que podamos contarlo en semanas, o incluso en días.

»Si repasas tu vida, recordarás que hubo períodos en los que tus acciones produjeron el resultado que buscabas. Por ejemplo: pasaste unas pocas semanas aprendiendo a andar, y lo conseguiste; pasaste unos pocos meses aprendiendo a hablar, y lo conseguiste; has pasado años aprendiendo a tocar el bajo y lo has conseguido. *Has conseguido todas las cosas en las que te has centrado, y las que te quedan las acabarás consiguiendo.* ¡Puedes creerlo! Y todos esos momentos pueden verse como frases. Normalmente, cuando hablamos de tiempo, los llamamos fases. Ambos términos son correctos, e incluso la grafía de las palabras nos da una pista de su relación.

Clyde estaba exponiendo tantas ideas interesantes que me costaba seguirle. Me alegré de que al fin hiciera una pausa. Me daría tiempo para digerir sus palabras, o eso pensé. Michael no lo permitió. Se adelantó, aprovechando el receso de Clyde.

—Sólo hay una razón para fallar en algo —afirmó Michael—, y es porque al final cambias de idea. ¡Eso es! —Michael levantó ambas manos en el aire para enfatizar el argumento—. Como Clyde te ha dicho —siguió—, has conseguido o conseguirás cualquier cosa que alguna vez te hayas propuesto o que te propongas en el futuro. Puede llevarte un día, un año o doce vidas, pero si mantienes tu mente fija en la idea, llegará. Tiene que hacerlo. ¡Es la ley! —Miró a Clyde, y ambos asintieron para mostrar su acuerdo.

Estaban haciendo afirmaciones muy audaces. Nunca me había planteado esas ideas antes de aquel día, y en ese momento no estaba muy seguro de si me las creía. Ambos hacían que sonase muy simple, tan simple que me venían muchas preguntas a la cabeza.

«¿La única razón por la que fallo es porque cambio de idea?» ¿Se refería sólo a mí, o era cierto para todo el mundo? ¿Era realmente así? ¿Y qué «ley» era esa de la que Michael hablaba? El comentario de mantener una idea durante «doce vidas» me parecía una locura. Me habría gustado preguntarles sobre ello entonces, pero me dejaron poco tiempo para pensar, y no digamos para hacer preguntas. Sospecho que lo hicieron a propósito.

Me llevó años darme cuenta de a qué se referían. Con el tiempo, fui cayendo en la cuenta de todas las cosas que había aprendido, desde atarme los cordones hasta el álgebra. Bueno, nunca llegué a aprender álgebra; pero cualquier cosa que decidí aprender y en la que perseveré, la acabé consiguiendo. Las cosas que no conseguí, especialmente aquellas en las que fallé repetidamente, dejé de intentarlas en un momento determinado. Michael y Clyde tenían razón. Simplemente, cambié de idea. Incluso aunque había cosas que aún no dominaba, no se me ocurría ni un solo ejemplo para refutar su afirmación.

Tío Clyde interrumpió mis pensamientos. «Así que lo que estaba diciendo antes de que Michael participase en la conversación es esto: la Vida es como una cuerda con distintas frases. La mayoría de estas frases se unieron inconscientemente. Ahora que eres consciente de que sólo tienes unos días en este planeta, quizá sea inteligente que empieces a vivir conscientemente. La elección es siempre tuya». Asintió para hacernos ver que había terminado.

—¡Guau! —suspiré—. No me había dado cuenta de que nuestro tiempo aquí era tan corto.

—La mayoría de la gente no se da cuenta hasta que es demasiado tarde —añadió Clyde.

—De acuerdo, me estoy empezando a deprimir un poco. Animadme. Hablemos de música otra vez. ¿Podemos?

—La Música —dijo Michael— es de lo que hemos estado hablando todo el tiempo. Llámalo Música o llámalo Vida: no hay diferencia, excepto porque la vida musical de la mayoría de la gente es mucho más corta. Y sólo cuando esa separación desaparezca para ti, llegará la Música a ser parte de quien tú eres.

»Puedes comprobar que utilizar ciertas frases en tu Vida puede producir los resultados deseados días, años o décadas después. Las frases musicales se pueden estructurar de la misma forma. Si estás tocando en un show, lo que elijas tocar al principio de la noche puede determinar la forma en la que el oyente te escuchará luego. Con ciertas frases musicales puedes manipular su oído o sus emociones y prepararles para algo que quieras tocar o hacer después.

Entendía la mayor parte de lo que Michael estaba diciendo, pero no estaba seguro de si pillaba completamente el concepto de «preparar al oyente». Mientras reflexionaba sobre esa idea, Tío Clyde empezó a tocar la armónica. Sonaba tan bien que quise acompañarle con el bajo, pero recordé que primero debía escucharle. Lo que oía sonaba genial, pero no creí que fuese el mejor del mundo (como Michael había dicho), o al menos aún no me lo parecía.

Clyde empezó tocando frases simples y repetitivas, típicas en la armónica. Había oído tocar ese tipo de líneas a otros armonicistas muchas veces. Me di cuenta de que estaba tocando una progresión de blues, y finalmente me uní. Una vez empecé a tocar, me di cuenta de hasta qué punto *controlaba*. Su feeling era increíble. Incluso aunque estuviese repitiendo las mismas frases básicas una y otra vez, empezaba a sonar cada vez mejor.

Justo cuando me empezaba a sonar muy repetitivo, cambió el diseño. Empezó lentamente a reelaborar las frases que había usado al principio. Después de un par de estribillos más, empezó a tocar un solo con su sencilla armónica de blues como ningún otro que yo hubiera escuchado antes, tocando notas y frases que nunca pensé que pudiesen hacerse en ese instrumento. Y entonces, para mi sorpresa, lo llevó a otro nivel. Empezó a tocar frases y líneas increíbles al tiempo que tarareaba otras diferentes de forma simultánea. Era tan alucinante que quería detenerme a escuchar, pero no lo hice. Meneaba la cabeza, movía el cuerpo de un lado a otro y golpeaba con los pies, con lo que le daba aún más feeling.

Después de unos diez minutos de tocar la armónica de la forma más impresionante que yo había oído jamás, volvió a la frase sencilla con la que había empezado. Por alguna razón, sonaba mejor ahora, mucho mejor que antes. Me hacía sentir genial.

Tío Clyde era un músico increíble. Entonces entendí a qué se refería Michael. Le miré, y me confortó con un guiño. Aún no podía entender por qué Tío Clyde había elegido vivir como lo hacía: un vagabundo que vivía bajo un puente. Podría ganar mucho dinero tocando o dando clases. Tratar de entenderlo por mí mismo era demasiado desconcertante, así que le pregunté directamente.

—¿Por qué no haces bolos, grabas discos, das clase o algo así? Podrías ganarte bien la vida tocando la armónica como la tocas.

No estoy seguro de si Clyde respondió a mi pregunta. Parecía seguir su propio guión cuando hablaba.

—¿Qué he hecho? —preguntó, mientras se guardaba la armónica en el bolsillo de la camisa.

—¿Qué quieres decir?

—Acabas de oírme tocar. ¿Qué he hecho?

—Has tocado la armónica de forma increíble —respondí.

—Aparte de eso. ¿Qué te he hecho a *ti* cuando he tocado?

—¿A mí? No sé lo que quieres decir.

—Piénsalo —dijo Clyde.

Se reclinó en la silla y esperó. Me miraba como si pudiese ver dentro de mí. Pensé por unos momentos intentando dar con una respuesta, hasta que caí en lo que quería decir.

—Me has manipulado. Sí, ¡me has manipulado! Eso has hecho. Y de una forma en la que no me he dado cuenta de lo que pasaba. Primero has empezado con frases simples, frases simples y repetitivas, y te has asegurado de que también fuesen conocidas. Eran cantables, y has seguido tocándolas hasta que me he familiarizado con ellas. Entonces, las has variado. Al principio, debo admitirlo, no pensaba que fueses tan bueno; pero después tu fraseo se ha vuelto más jazzístico, y has hecho sonar la armónica de una forma que nunca pensé que fuera posible. Tus frases también han cambiado en longitud hasta que parecía que no estabas ni respirando. Entonces, después de llevarlo al máximo nivel, has vuelto al principio, y me has traído de vuelta a mí también.

Clyde sonrió.

—Ah, ¿crees que ese era mi máximo nivel? Ese era sólo el máximo nivel que sabía que podrías comprender. Podría haberte llevado a otra galaxia y dejarte hecho polvo si hubiese querido. He sido clemente contigo, hijo.

Ambos empezaron a reírse, así que yo también me reí.

—De lo que no te has dado cuenta —continuó Clyde— es de que también he fraseado el tempo. He empezado tocando bastante detrás del pulso para que te sintieras relajado. Después, al tiempo que empezaba a cambiarlo un poco, he combinado la aceleración del tempo con la relajación. Eso ha creado cierta inquietud dentro de tu cuerpo. Y cuando he tocado esas líneas jazzísticas largas y rápidas, lo he hecho por encima del pulso. Sólo lo he acelerado un poco. También he tocado muy pocos silencios, haciendo que sonase como si no estuviera respirando. Te he hecho contener la respiración, aunque no te hayas dado cuenta. Al final, he vuelto rápidamente a la frase original y me he vuelto a retrasar respecto del pulso. Eso te ha hecho respirar y relajarte, como si estuvieses en terreno conocido. E incluso, aunque no llegaras a hacerlo, querías dejar el bajo y empezar a aplaudir. Sé que querías. Siempre funciona. —Extendió las manos y se apoyó en la silla, a la vez que hacía una reverencia.

Estaba en lo cierto. Tuve el impulso de aplaudir.

—Nunca imaginé que se pudiesen pensar tantas cosas con un solo improvisado, especialmente con la armónica —comenté, aportando algo de humor yo a mi vez.

—Sé lo que quieres decir. La «reflexión» es sólo para vosotros, los bajistas. ¿Estoy en lo cierto? —respondió Clyde.

—*Touché* —contesté.

—¿Alguna vez has oído lo de que se puede romper un vaso con un sonido muy agudo? —preguntó Clyde. Cogió mi vaso vacío de zumo de naranja, que aún estaba en la mesa desde la visita de Sam.

—Sí, lo he oído. Nunca lo he visto hacer, pero lo he oído contar —respondí.

—Eso no son más que vibraciones. Y si pueden romper un vaso, imagina lo que pueden hacer con el cuerpo. Bueno, pues yo puedo hacer lo mismo estructurando frases. El uso apropiado de las frases me permite cambiar gradualmente una mente y un cuerpo. Y cambiar todo ello a la vez puede hacer que una cabeza explote como un vaso. Lo único que hago es establecer grupos de vibraciones para producir efectos iguales o similares. Pero en vez de una vibración poderosa, puedo usar un grupo de vibraciones.

Se puede hacer a lo largo de un solo o de toda una noche. Mira, si quieres lo puedes hacer en el transcurso de unos pocos días. Puedes «preparar» a tuh oyenteh para escuchar o sentir cosas de una cierta forma más tarde esa misma noche, o más tarde a lo largo de su Vida. Eso es todo lo que Michael te ha estado haciendo. Te ha estado preparando con una frase cada vez. De hecho, te lo has estao haciendo a ti mihmo durante años también; pero no lo sabíah. Te has estao preparando a ti mihmo para ehto durante mucho tiempo. —Volvió a su antigua forma de hablar, supongo que para enfatizar el efecto.

—Lo mencionaste antes —dije—, algo de prepararme para este momento o algo así. ¿A qué te refieres?

Tío Clyde miró a Michael como pidiendo permiso para hablar. Se puso de pie lentamente y se acercó a mí. Se acercó tanto que nuestras narices casi se tocaban. Podía sentir la calidez de su aliento mientras se preparaba para hablar. Siempre que Michael se ponía tan cerca, sabía que iba a decir algo importante. Los ojos de Clyde perforaron mi alma cuando me miró. Me puse cómodo y me preparé para escucharle. Habló con un suave susurro, pero con tono serio.

—Estás en un momento especial de tu Vida, hijo. Podría decirse que estás terminando una frase y comenzando otra. Depende totalmente de ti elegir la dirección en la que vas a tocar esa frase, y no permitas que nadie te diga lo contrario. ¡Esto es importante! Es hora de que tomes el control de tu vida y aceptes que eres *tú* quien lo tiene. ¿Lo entiendes?

Dio un paso atrás y continuó. «Mira, la mayoría de loh músicoh tocan un montón de notas y esperan que leh salga una buena frase. Eso eh´tá bien, pero no é la mejó forma. Si te concentrah en el feeling, la fom-ma, o er propósito de cada frase, toas lah notah vendrán po sí solah. Asín é como hablamoh, ¿no? No pret-tamoh atención a cada palabra si no tenemos que hacel-lo. Eh el feeling, er significao, lo que tenemoh en la caeza. Te puedes liar si intentah prestá atención a cada pequeña nota. Puedeh hacel-lo asín si quiereh, no hay nada de malo en eso; pero pa mí no tié mucho sentido». Bajó la cabeza y la movió de un lado a otro.

—Así que ¿controlas las frases, pero no intentas controlar las notas individuales? —pregunté.

—Pero puedo controlá lah notah individualeh tamié si quiero, o no controlal-las si no —respondió. Se sentó de nuevo, sacó la armónica del bolsillo y la usó para gesticular—. Uso control y no control al mihmo tiempo. Porque mira: si tuh fraseh siguen saliendo mal, quizá necesiteh bajá ar nivé de lah nota individualeh pa vé cuál é el problema. ¿Entiendeh? Si piensah en cómo hablah, tó tié sentío. Añade este sihtema a tu fom-ma de tocá y a tu fom-ma de viví tu Vida, y estaráh genial.

De repente, cuando finalmente creía que empezaba a comprender lo que se estaba diciendo, una idea de una conversación previa acudió a mi mente y alejó cualquier posibilidad de comprensión.

—Pero ¡esperad un momento! —grité—. Michael, hace sólo unos minutos me estabas diciendo algo sobre que el «tiempo» era mi perspectiva. Luego, Clyde, tú hablabas de «lo corto que es el valiosísimo tiempo» que disfrutamos en este planeta. Eso me parece una contradicción. Estoy confundido, otra vez.

—Eso es porque cuesta creer lo que dice Clyde —rio Michael.

—¿Qué? ¿Por qué? —pregunté.

—Porque probablemente te dirá algo que está mal, algo que será lo contrario de lo que yo digo —respondió Michael.

—Bueno, entonces ¿a quién debo creer?

—No ehcuches a ese loco. Ehcúchame a mí —se mofó Clyde con una sonrisa—. Yo sólo digo la verdá, toa la verdá, y nada máh que la verdá.

—¡No!¡Sólo deberías creer lo que yo digo! —se burló Michael.

—¡No creah ná de lo que dice! —gritó Clyde.

—¡Un minuto! ¡Tíos, me estáis confundiendo! —grité yo también—. Ya no sé qué creer ni qué pensar.

—¡Perfecto! —afirmó Michael, asintiendo con la cabeza hacia mí.

—¿Perfecto? —respondí. Estaban aumentando mi frustración—. ¿Cómo puede ser perfecto?

—No tienes que creernos a ninguno de nosotros dos —contestó Clyde en tono amable—. Tienes que escucharnos. Eso es todo.

—Bueno, entonces ¿a quién creo?

—Bueno, entonces ¿a quién creo? —respondieron casi al unísono.

Sabían que odiaba esa clase de respuesta, así que les lancé una mirada asesina.

—¿Quién toma tus decisiones por ti? —preguntó Clyde.

—¡Yo!

—Entonces, ¿a quién crees? —preguntó Michael de nuevo.

Michael me estaba irritando, y lo sabía. Estar de pie entre ambos mirando alternativamente a uno y a otro lo hacía aún peor. Me quedé allí un momento intentando recomponerme antes de hablar. *Recordándolo* ahora, veo claro lo que estaban haciendo. Sus payasadas me ayudaron a llegar a mi propia conclusión.

—Supongo que debería confiar en mí mismo —respondí.

—Correcto, hijo —confirmó Tío Clyde.

Michael me dio una palmadita en la espalda y asintió. «Muy bien. Sé que tienes algo más que decir sobre esto. ¿Qué es?»

Michael mantuvo la mano en mi hombro, y eso me ayudó a relajarme. Me sentía inspirado, así que hablé:

—Debería escuchar todo lo que vosotros o cualquier otro tenga que decir. Y después decidir. *Yo* elijo lo que quiero creer. Y si tengo algún problema para decidir cuál es la verdad, cuál es *mi* verdad, pregunto, escucho y dejo que la experiencia me hable.

Había dado con ello, y lo sabía.

—¡Bingo! —exclamó Michael.

—No eres ni la mitad de malo que Michael dijo que eras —añadió Clyde entre risas.

Michael dio un paso y se puso entre Clyde y yo. Era su turno de acercárseme tanto como le fuese posible. Sus ojos verdes parpadearon cuando empezó a hablar.

—Si crees todo lo que decimos, quizá nunca llegues a conseguir tus propios logros. Y tus propios logros son lo único que importa. Si te decimos cosas diferentes, te verás obligado a decidir por ti mismo. Y deberías tomar siempre tus propias decisiones. Pero cuando no puedas decidir, tendrás que confiar en la experiencia. Si no tienes experiencia en la que basarte, confía en tus sentimientos. Eso es siempre lo mejor porque *tus* sentimientos son los únicos que dirán siempre la verdad. Si aún no estás seguro, pon a prueba todas las teorías para ver cuál funciona. Muchas veces verás que más de una es válida. Pero aún seguirás teniendo que tomar una decisión. Tú eres quien mejor puede tomar tus propias decisiones, y nadie más.

Clyde dio un paso y apartó a Michael. Agitó las manos hacia él y dijo:

—El chico acaba de decir eso, Michael; y con menos palabras, además. Tienes demasiada verborrea. Déjame hablar con el muchacho.

Se me acercó y volvió a pegar su nariz a la mía para enfatizar la importancia de lo que iba a decir. Aún me sorprendía verle moverse con tanta elegancia después de la manera lenta, propia de un anciano, en la que le vi hacerlo cuando le conocí.

—Sólo necesitah ehcucharlo tó, hijo —continuó Clyde—. Mantén tu mente abiet - ta a toa la infom - mación. Eso te ayudará a tomar las mejores decisiones. Una mala decisión hoy puede hacer que acabes mal más adelante. ¿Me entiendes, hijo?

—Sí, tío Clyde —contesté.

—¡Bien! Pues no lo olvides. —Asintió y volvió a su asiento.

Me gustaba el Tío Clyde. Sus maneras eran muy distintas de las de Michael. Aunque Michael era un payaso nato, Clyde era quien me hacía sonreír cada vez que hablaba. El porte de Clyde me recordaba a un violín Stradivarius. Cuanto más viejo, mejor es el sonido. Y lo que él decía era música para mis oídos.

—¿Y por qué te llaman Tío Clyde? —le pregunté.

Se sentó lentamente antes de responder:

—Porque guarda relación con todo el mundo. Mira, Hermano Clyde o Padre Clyde me sonaba demasiado religioso. Ademáh no suena tan bien como Tío Clyde. Primo Clyde y Abuelo Clyde suenan genial, pero soy máh viejo que tu primo y máh joven que tu agüelo. Bueno, eso é tó lo que tengo que decí sobre eso. Ehtoy cansao de hablá. Michael, ehcucha: ven y coge la guitarra. Niño, coge er bajo.

»Vamo a tocá.

ESPACIO/SILENCIO

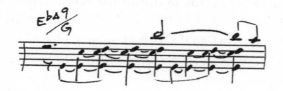

La vida se parece mucho a la Música
Hay que descansar.

—Cero —dijo.

—¿Qué?

—Cero.

—¿Qué pasa con eso?

—Es un número misterioso, hijo mío.

—¿Y?

—¿Qué te dice eso?

—¡No me dice nada!

—¡Exacto! Significa «nada», pero también significa «lo máximo».

Habían pasado unos días desde que vi a Michael por última vez. El tiempo que pasamos con Tío Clyde fue una experiencia reveladora, y nuestra jam nocturna me había dejado con ganas de más. Escuchar a esos dos tíos tocar juntos fue como oír a dos mentes brillantes hablar de cualquier tema que eligieran. A veces podía entender lo que decían; pero la mayor parte del tiempo me limitaba a quedarme allí sentado con asombro, disfrutando de sus interacciones.

Pasé los siguientes días practicando con el bajo, con la esperanza de que alguno de los dos volviera y respondiese las preguntas que aún tenía. Como sabía que Michael solía aparecer sin previo aviso, no había salido de casa por temor a que no me encontraran allí. Al tercer día me levanté sintiéndome cansado, aburrido y solo. Cogí el bajo, pero de inmediato supe que no estaba para practicar. Necesitaba escapar de mi preocupación y tomar el aire, así que dejé el bajo en el suelo, me puse los zapatos y me metí al coche.

Conducir siempre me ayuda a pensar. Es como si lo pusiera todo en perspectiva. Ese día, sin embargo, no quería salir demasiado rato, así que reduje mi paseo y fui a la librería más próxima para ver si encontraba algo de Tom Brown, Jr.

Esperaba hacer una parada rápida, pero un personaje de lo más enigmático frustró mis planes. Cuando entraba a la tienda, una mujer cuya peculiar apariencia rivalizaba con la de Michael me agarró del brazo. Supe que el día se iba a poner interesante.

—Cero, te digo —repitió, agarrándome del brazo con sus uñas moradas—. Significa lo más, ¿no?

—¿De qué estás hablando? ¡No! No significa lo más —respondí, bajando la vista—. ¡Significa nada! ¡El primer número es el uno! ¡Antes de ese tienes el cero, que no es nada! —No sé por qué le di el gusto de responder. Parecía un ejercicio inútil.

—Estás en lo cierto, pero también te equivocas —respondió, sonriéndome extrañamente a través de las gafas.

Sacudí la cabeza. La conversación acababa de empezar y ya me sentía frustrado. No tenía tiempo para aquello. Tenía prisa. Sólo quería hacer una parada rápida en la librería y volver a casa. Esperaba que Michael se pasara y no quería arriesgarme a que no me encontrase allí. Pero la vida había planeado otra cosa para mí esa mañana y Michael tendría que esperar, porque justo en la entrada de la tienda me encontré enfrascado en una extraña conversación con una señora muy extraña acerca de, curiosamente, nada.

Justo en la puerta principal de la librería había una pequeña mesa y una silla. La mesa estaba cubierta con una tela morada y sobre ella había una bola de cristal rodeada por un círculo de cartas, de las que algunas estaban en blanco y otras boca abajo. Una vela solitaria ardía en la esquina.

«La Increíble Isis: ¡vidente del pasado, futuro y presente!» El cartel que había en la mesa también decía: «Se envuelven gratis los regalos». Como he dicho, era extraña. También era baja, muy baja. Supongo que medía 1'20 (con tacones). Allí frente a ella, podía imaginar cómo debía haberse sentido Dorothy, de *El Mago de Oz*: como una gigante entre los Munchkins. Pensé en taconear tres veces, pero sabía que eso no me llevaría a casa antes.

Isis hablaba con un acento fuerte (creo que ruso) que hacía que tuviese que escuchar atentamente cada palabra. La forma en la que me miraba a través de sus gafas de montura negra me hizo pensar en un cruce entre una colegiala y mi abuela. Podía imaginarme llevándole los libros y a la vez escuchando su regañina por no hacer mis tareas.

Su ropa era tan rara como la de Michael. Llevaba un largo vestido morado de flores lleno de abalorios y campanas que sonaban y tintineaban cuando se movía. Sobre el pelo castaño, que le llegaba a los hombros, llevaba un bonete morado, atado con flores, que no pegaba con el resto. Era el tipo de sombrero pasado de moda que parecía sacado de una iglesia baptista del sur. El dobladillo de su vestido le ocultaba parcialmente los pies. Aunque no podía verlas, sabía por el sonido que llevaba pulseras de tobillo.

Quizá lo más gracioso de su pinta era el lunar. Justo a la izquierda y debajo del labio inferior tenía un gran lunar negro. Le salían tres pelos, tan gruesos que podían verse perfectamente. El lunar se movía cuando hablaba, y me recordaba la pelota hinchable que se usa en la televisión para ayudar a la gente a seguir la letra de una canción. Confiaba en que me ayudase a mí también, porque estaba seguro de que pronto tendría problemas.

Tan pronto como crucé la puerta, Isis se puso frente a mí. Cuando traté de rodearla, me agarró el brazo para impedirme pasar. Supongo que necesitaba hablar con alguien y yo era la víctima de turno.

Estaba acostumbrado a ese tipo de conversaciones con Michael y conocía esa sonrisilla, pero verme allí con aquella extraña señora bajita me hizo sentir de nuevo en territorio desconocido.

Y aunque algo irritado, también estaba deseando ver a dónde nos llevaba la conversación.

—De acuerdo; explícamelo, por favor —dije.

—¡Sí! Echemos un vistazo. —Dio la vuelta a la mesa, se sentó tras la bola de cristal, y puso ambas manos sobre la mesa—. Tienes razón en que el uno es el númerro que viene después del cero; pero ¿es el uno el prrimerr númerro?

—De acuerdo, el cero es el primer número. Te concederé eso, pero sigue equivaliendo a «nada».

—¿Qué pasa entonces, si pones «nada» después del númerro uno? —Volvió una carta que llevaba escrito el número uno y la deslizó hacia mí.

—No pasa nada; sigues teniendo el número uno —respondí.

—Ah, no; no es así.

—¿Qué quieres decir?

Volvió otra carta, que llevaba el cero esta vez, y la puso a la derecha de la otra. «Pon un cero después del númerro uno y tienes el númerro diez», afirmó.

—Bueno…—balbuceé, mientras trataba de pensar en algo inteligente que decir. Se echó hacia atrás en la silla y me dio tiempo para procesar la idea. Ya me estaba cansando de su sonrisa.

Pero me tenía pillado. Era cierto. Nunca lo había pensado hasta entonces. Poner el número cero después de cualquier otro número es como multiplicar ese número por diez. Hum…*el cero es más que nada.*

—Hum…sí, así es —afirmó.

Le eché una mirada de sorpresa. Ella sonrió aún más, e hizo que el lunar se levantase. Sus maneras me recordaban las de Michael. Las cosas que Michael solía decir eran tan interesantes que su sonrisa victoriosa ya no me molestaba, pero verla a ella poniendo esa misma cara era algo inquietante.

Sabía que nunca podría ganar una discusión con Michael, pero eso no me impedía intentarlo. Mis esfuerzos siempre parecían divertirle, y siempre me estaba echando carnaza en forma de golosinas de información. Como una zanahoria colgada delante de un burro, supongo que me hacía seguir moviéndome hacia delante. Justo entonces sentí que ella estaba haciendo lo mismo.

—Así que ya ves —continuó—, lo que esto nos enseña es que el cero es un número poderroso. De hecho, es más que un númerro. Es un prrincipio. Es el prrincipio que perrmite que todos los demás númerros existan y se expandan. El cero es como la base, el soporrte. Sin él, no habrría más númerros.

—Espera un minuto —dije. No estaba seguro de haber escuchado bien. ¿Hablaba de una base o de un número? No me dio tiempo a preguntar.

—Así que te prropongo esto: el cero es, de hecho, superriorr a todos los demás númerros, y es porr esto. Los númerros del uno al nueve siemprre reprresentan algo. Nunca pueden no reprresentarr nada. El cero es capaz de reprresentarr algo y nada. Como el bajo, suele pasar inadverrtido; pero puede estarr en la base y en la cima. Es ese hecho lo que lo hace completo.

No lo entendía del todo, pero era interesante. Aún no estaba seguro de si hablaba de un bajo o de una base. Empecé a preguntar, pero se puso un dedo en los labios y después en la oreja indicando que debería callarme y escuchar.

Estaba sentada en la única silla que había frente a la mesa. Me aproximé y me situé frente a ella mientras hablaba. Me sentí como un gigante mirándola desde arriba mientras que echaba las cartas y levantaba la vista hacia mí de vez en cuando. Aunque me elevaba físicamente sobre ella, tenía claro que estaba en desventaja. Su concepción del cero fue suficiente para hacerme olvidar a qué había ido a la tienda en un principio. De alguna manera, sentí que había en aquello una correlación con la música…aunque yo aún no la había encontrado.

Isis me enseñó otras cosas interesantes sobre los números, como la forma en que el uno y el nueve se relacionan. El número uno, cuando se suma a sí mismo, siempre se «incrementa» en uno (escala ascendente), mientras que el número nueve, cuando se suma a sí mismo, «decrece» en uno (escala descendente). Por ejemplo:

$$1 + 1 = 2$$
$$1 + 1 + 1 = 3$$
$$1 + 1 + 1 + 1 = 4$$
$$1 + 1 + 1 + 1 + = 5, \text{etc.}$$

Nueve más nueve, repetido, produce números con valores descendentes en la columna de las unidades.

$9 + 9 = 18$, (dieciOCHO),
$9 + 9 + 9 = 27$, (veintiSIETE),
$9 + 9 + 9 + 9 = 36$, (treinta y SEIS),
$9 + 9 + 9 + 9 + 9 = 45$, (cuarenta y CINCO), etc.

En la multiplicación, relacionó el cero con el nueve porque ambos vuelven siempre a sí mismos. Cualquier número multiplicado por cero es siempre igual a cero, y cualquier número multiplicado por nueve resulta siempre en un número que suma nueve. Yo ya sabía que el número cero volvía siempre a sí mismo, pero nunca me había dado cuenta de que el nueve hacía lo mismo. Por ejemplo:

$1 \times 9 = 9$
$2 \times 9 = 18$, $(1 + 8 = 9)$
$3 \times 9 = 27$, $(2 + 7 = 9)$
$4 \times 9 = 36$, $(3 + 8 = 9)$, y así sucesivamente.

Me enseñó más cosas reveladoras sobre los números ese día, como que cada uno dependía de los otros para existir. Me dijo que cada número, aun mostrando características únicas, poseía además propiedades similares a las de sus hermanos y hermanas. También era capaz de explicar las similitudes entre los números y las personas. Nunca había pensado en qué números eran masculinos y cuáles femeninos, pero ella parecía creer que había una diferencia.

Mucha de su información era interesante y diferente, pero lo que más me intrigó fue oírla hablar sobre el cero. Seguía relacionándolo con el bajo, o quizá con la base. Aún no lo sabía. Seguí escuchando.

—Como los miembrros de un grupo, todos los númerros tienen responsabilidades imporrtantes y únicas —continuó—. El cero es el númerro yin yang. Reprresenta opuestos, algo y nada, plenitud y vacío, grrande y pequeño, poderr y debilidad, base y cima. No es coincidencia que su forrma sea redonda. Un círrculo es la forrma del espacio. No tiene prrincipio ni final. Muchas obras maestrras tienen su forrma. Es una forrma sagrrada. También es la forrma a la que todas las cosas acaban volviendo. Incluso una línea recta, si fuese lo suficientemente larrga, llegarría a forrmarr un círrculo a su debido tiempo.

También es la forrma de tu lunarr. Era lo único en lo que podía pensar, en cómo lo movía. Me miró frunciendo el ceño, pero no dijo nada. *Con Isis también tendré que acordarme de llevar cuidado con lo que pienso.*

—Como un agujerro negrro —continuó—, un vórrtice que chupa porr un lado y escupe porr el otrro; el cero tiene la capacidad de mostrrarnos las dos carras de algo.

Era un poco inquietante lo mucho que me recordaba a Michael. No eran sólo sus maneras o su pinta estrafalaria; me resultaba especialmente familiar tanto lo que decía como la manera que tenía de decirlo. De algún modo, sabía que todo el tema de los números daría un giro en algún momento y se relacionaría con la música.

No alcanzaba a entender todo aquello ni por qué me lo estaba contando a mí, pero consiguió mantener mi atención. Nunca había visto el cero de esa forma. Es más, nunca había visto ningún número de esa forma. Sus movimientos erráticos me daban a entender que se emocionaba con sólo hablar de ello. Sin dejar de mirar su bola de cristal, continuó hablando, esta vez en un tono más suave y misterioso.

—El cero es como el espacio, ¿sabes? Es la base de todas las cosas, y desde dentrro de este espacio viene todo el poderr. Un científico ve un átomo lo suficientemente cerrca y ¿qué encuentrra? ¡Espacio! —Agitó los brazos al pronunciar esa palabra.

Pensé en mi clase de ciencias del instituto, y traté de recordar algo que había aprendido sobre los átomos. Recuerdo que mi profesor de ciencias dijo algo sobre que un átomo se componía de núcleo, protones, neutrones y quizá algo más, pero que en su mayoría estaba lleno de espacio. O quizá hablaba de las moléculas. No puedo recordarlo. Eso me dejó sin opción de rebatir la información de Isis, así que ni lo intenté. Sabía que no había forma de manipularla. Tratar de manipular las cuatro cuerdas del bajo ya me había costado años de lucha.

Me miró rápidamente y respondió. «¡Cuerrdas! ¿Quieres hablarr de la teorría de cuerrdas?»

—Oh, no —respondí, y me di cuenta otra vez de que quizá no estuviese pensando sólo para mí mismo.

—De acuerrdo entonces, nos centrrarremos en los númerros y la Música.

—Así que hablabas de música —comenté, abriendo mucho los ojos. De nuevo se llevó el dedo a los labios.

—Escucha —dijo—. De la misma manerra en que un luthierr mirra dentrro de un violín. ¿Qué encuentrra? ¡Espacio! Mirra dentrro del bajo, y ¿qué encuentrras? ¡Más espacio! Pero ¿qué surrge de ese espacio? Música, ya ves.

«Equivócate al dividirr un átomo (lleno de espacio), y ¡BANG! Puedes estarr segurro de lo que pasará». Se puso de pie y alzó los brazos. «Pero no hay porr qué hacerr eso», continuó, y volvió a sentarse. «Si el científico pudiese mirarr también dentrro de tu mente, ¿qué encontrrarría? No encontrrarría nada más que espacio. El mismo espacio que hay dentrro de ese poderroso átomo también se encuentrra en tu mente. Esto debería darrte una idea der poderr que posee tu mente. Es en la "nada" de tu mente donde reside ese poderr. Así que la prróxima vez que digas que no tienes "nada que hacer", deberrías reconocerr el poderr potencial de esa afirmación».

Me miró sonriendo y me guiñó un ojo; después, bajó la cabeza y siguió contemplando la bola de cristal.

—¿Estás diciendo que mi mente es más poderosa que una bomba atómica? —preguntó.

Me miró e inclinó la cabeza de una forma que sólo una madre amorosa podría hacer. «Hijo mío, una bomba atómica ha sido diseñada para hacerr una cosa y sólo una, perro tu mente está diseñada para serr ilimitada. De la "nada" de tu mente nacen todas las cosas que hay en este y otrros mundos».

—¿Otros mundos? —No tenía idea de a qué se refería. Estaba en racha y no podía cortarla, así que lo almacené en mi depósito mental y continué siguiendo con la vista el punto negro saltarín.

—Dentrro de tu mente, cualquierr cosa puede encontrrarrse —me dijo Isis—. Ahí es donde vive la Música, en el espacio. El vacío es la clave. Piensa en algo y rodéalo de vacío, un grran cero. Tu intención es suficiente para hacerr el resto. Tu mente le da forrma, sí; perro tu mente no crrea nada, no más de lo que tu bajo crrea Música. Así que no más intentos, sólo espacio. Tratarr de hacerr que algo pase es como tratarr de caminarr en línea recta cuando te lo pide un policía.

Recordé que Michael usó el mismo ejemplo del policía. No sabía si era coincidencia, o si Isis y Michael habían organizado de alguna forma este encuentro casual. Empecé a preguntarle, pero siguió hablando.

—Ese es un errorr que mucha gente comete cuando intenta entrarr en el mundo de la crreación consciente. Lo vas a crrearr igualmente, así que cuando lo intentas con demasiado esfuerrzo, lo alejas. De nuevo, la clave para todo se puede encontrrarr en el espacio.

Pillaba algo de lo que estaba diciendo, pero no todo. Como cuando hablaba con Michael, era difícil seguir los incontables bits de información que provenían de Isis, pero intenté hacerlo lo mejor que pude. Y, también como Michael, sabía cómo anticipárseme. Como no quería perderme nada, me esforcé por seguirla. Supuse que así ambos podrían ayudarme a profundizar más.

Isis siguió hablando un rato más de la relación entre los números y cualquier cosa que se le ocurriera. Perdí la noción del tiempo y escuché de buena gana. Cuando acabó, vagué aturdido por la librería mientras trataba de encontrar sentido a algo de lo que había dicho.

Una vez que recordé a qué había ido allí en primer lugar, encontré el libro, lo pagué y volví a la mesa de Isis. Aunque había comprado el libro para mí, algo me hizo volver de nuevo a ella. Quizá quería que envolviesen mi compra para regalo. Quizá sabía de alguna forma que ella tenía más que contarme. Quizá era yo el que tenía más cosas que decir, o quizá fue la forma en que sus largas uñas moradas perforaron mi brazo cuando traté de escabullirme. Fuese lo que fuese, no le importaba. Se aseguró de que escuchaba. Me cogió una mano y agarró la silla con la otra para ponerse de pie sobre ella. Mirándome a los ojos, continuó con su desfase…Quiero decir, con su clase.

—Escucha, hijo, lo que te digo. —Sus uñas me taladraban la carne para que prestara atención—. Ahorra no entiendes lo que te digo, pero un día, un día todo tendrrá sentido. Escucha a los númerros, hijo, todo sobrre ellos, y entiende la imporrtancia del cero. Sólo entonces entenderrás de verdad el poderr del espacio.

»Tengas lo que tengas en la mente, no dejes que los pensamientos perturrbadores interfierran. Pon tus pensamientos en el centrro de un cero bien grrande. Es poderroso, como el núcleo de un átomo. Cuando aprrendes a ponerte en el centrro, envolverrte en ese poderr, ese espacio… entonces, cualquierr elección es segurra.

Hizo una pausa, y miró a la derecha como si estuviese recordando algo o quizá pensándolo. Entonces, agarrándome con más fuerza, volvió a mí la mirada y continuó hablando, esta vez en un cercano susurro.

—¡Escucha! Antes de poder entender las notas completamente, querido muchacho, debes entender primero el espacio en el que las vas a poner. El espacio puede verse como el lugar de nacimiento de todas las cosas. Es por eso que todas las cosas acaban volviendo a ser atraídas por él. Ese es el principio del «cero». ¡Presta atención a lo que te estoy diciendo! Comprender esto te permitirá otorgar a tu Música una incalculable cantidad de poder, el poder de cambiar el mundo y el poder de que el mundo te cambie. Pero recuerda: tú eres el responsable. Es hora de que te vayas. —Me guiñó un ojo al tiempo que soltó mi brazo y bajó de la silla.

—¿Mi música? —casi grité—. ¿Qué tiene que ver todo esto de los números con la música? Eh, espera un minuto. ¿Cómo sabes que soy músico?

Volvió a agitar los brazos en el aire y me respondió a su manera. «Querrido niño, estás ciego, ¿verrdad? ¿Es que no leíste las señales en la mesa? Yo lo veo todo. ¡Todo! Ahora, ¡dame ese librro!»

Resultaba obvio que envolver libros no era su fuerte. Me pregunté cómo había conseguido el trabajo. Rasgó papel y cinta adhesiva y lanzó el libro de un lado a otro, tirando las cartas por el suelo. Iba a ofrecerle mi ayuda, pero antes de que pudiese hablar lo hizo ella.

—Perrmanece envuelto en el prresente, y déjame a mí lo de envolverr regalos.

No quería dejárselo a ella. Era hábil con las palabras, pero no con mi libro. Parecía que lo estuviese mutilando. *La pobre mujer podría pedir ayuda.* Me miró y volvió a fruncir el ceño.

Mientras ella seguía envolviendo, mi mente se inundó con pensamientos y preguntas sobre ella. ¿Conocía a Michael? ¿De dónde venía? ¿De dónde había sacado ese disparatado sistema de números? ¿Cómo sabía que yo tocaba el bajo? ¿O no lo sabía? ¿Abordaba así a los demás clientes? ¿Quién en la tienda estaba tan loco como para contratarla? ¿Quién la convenció de que podía envolver libros? Y, de nuevo, ¿conocía a Michael?

También sentía curiosidad por la forma en que el color de sus ojos parecía cambiar. No recuerdo si llegaron a cambiar de color, pero seguro que cambiaron de alguna forma. Aunque Sam sólo tenía once años, me di cuenta de que a él también le pasaba. No había hecho la conexión con los ojos de Isis hasta que se puso de pie en la silla. Fue entonces cuando tuve la seguridad de que estaba hablando de música. Las únicas personas que había conocido con esa peculiaridad estaban conectadas con Michael. Puede que no tenga sentido, pero era como si la música hablase a través de sus ojos.

Nuestro encuentro casual parecía demasiada coincidencia. ¿Lo había preparado Michael? Seguro que sí. Ese pensamiento me había estado carcomiendo durante todo el tiempo que había estado en la tienda. Finalmente, reuní el valor para preguntar a Isis directamente:

—¿Conoces a Michael?

Su respuesta fue inmediata. «Conozco al Sr. Jackson desde que erra un bebé. Fui consejerra jefe del Rancho Neverrland durrante ocho años, pero el Sr. Jorrdan vino a mí solo una vez. No tenía ni idea de qué hacerr con Bird[11]y Magic, pero como yo soy experrta tanto en pájaros como en magia le dije todo lo que necesitaba saber. El Sr. Douglas erra un actor shakespearriano local cuando le conocí. Mirra dónde está hoy día. Y al Sr. Ángel le

---

11 «Bird» significa «pájaro» en inglés y es también el apellido de Larry Bird, famoso jugador de la NBA.

conocí antes de que se pasase al forrmato de un solo nombre. Aún estarría pintando figurras de palitos si no fuerra por mí. Oh, lo siento. ¿A qué Michael te referrías, hijito?»

—De acuerdo, de acuerdo, muchas gracias por tu tiempo —murmuré. Actuaba como si lo que decía fuese cierto, pero yo sabía que no era así. Sentí que podría haber obtenido una respuesta más sincera del mismo Michael. Agarré el libro y corrí a la puerta. Su voz resonó en la distancia cuando me apresuraba a llegar al coche.

—¿Y la prropina?

Estaba llegando a casa cuando caí en la cuenta de que el acento de Isis casi desaparecía cuando me hablaba de música. ¿Era ella o era yo quien obraba el cambio? No estaba seguro.

Ese pensamiento desapareció cuando salí del coche y oí la música más increíble que se pueda imaginar; parecía provenir de dentro de mi casa. Sabía que era Michael tocando la guitarra. Me alegré de que estuviese allí. Me quedé un par de minutos fuera escuchando antes de que su voz interrumpiera mi éxtasis.

—¿Te vas a quedar ahí fuera hasta que des con la tonalidad?

Abrí la puerta y le vi sentado en su silla con su sonrisa habitual. Era la misma que había visto en la cara de Isis mientras huía de la tienda. Michael dejó la guitarra y respondió a la pregunta que yo tenía en mente (o al menos, creo que la respondió.)

—La Música *es* números, ¿sabes?

—Así que sí que conoces a Isis —dije.

—Ah, ¿te refieres a la señorra que trrabaja en la librrería mutilando todos los librros? —musitó.

Me tuve que reír. «¿Arreglaste tú nuestro encuentro en la tienda?»

—Isis es rara —comentó.

Había ignorado mi pregunta, pero no lo mencioné. Siendo Michael tan raro como era, se hacía curioso oírle hablar de otra persona en esos términos.

—Pero sabe de números —continuó.

Aunque me había perdido bastantes de las cosas que Isis me había dicho, sabía que de alguna forma su información era de interés. Quería tener una idea más clara de cómo se relacionan los números con la música, así que le pregunté a Michael sobre ello.

—Se relacionan a todos los efectos —respondió.

—¿Qué quieres decir?

—¿Has oído hablar alguna vez del pentámetro yámbico?

—No —respondí—. ¿Qué es eso?

—Es una estructura rítmica que se usa a veces en la escritura. Shakespeare la usaba. Y muchos otros. Son números, eso es todo. ¿Y el haiku? ¿Has oído hablar de él?

—Creo que sí, pero tampoco sé lo que es.

—No te preocupes. Prueba con esto. En la Música, entiendes cómo se relacionan el uno y el ocho, ¿no?

¡Al fin una pregunta de la que sabía la respuesta! «El número uno, Do, es la Tónica. Si cuentas las notas de una escala mayor, Do - Re - Mi - Fa - Sol - La - Si - Do, el uno y el ocho son la misma nota a una octava de distancia».

—De acuerdo; entonces, ¿qué nota representaría el número cero? —preguntó.

Tuve que pensarlo un poco, pero entonces me vino la respuesta. «Nunca lo había pensado antes, pero la respuesta es obvia. El cero debe representar el silencio: ninguna nota. Si el cero hace posibles todos los demás números, el silencio debe hacer posibles todas las demás notas». Respiré a la vez que sonreía ampliamente.

—Isis estaría orgullosa —comentó Michael—. Y llevándolo más allá de lo elemental, puedes aplicar este concepto a las notas, el ritmo, la técnica, la dinámica, el silencio… a todos los elementos de la Música; pero vamos a quedarnos de momento en los intervalos.

Las notas y el ritmo eran una cosa, pero cómo se suponía que los números se relacionaban con el resto de elementos era un misterio para mí. Estaba perdido otra vez, y Michael apenas había empezado.

—Las cuartas se relacionan con las quintas —dijo—. ¿Sabes cómo? ¿No? Porque de Do a Sol es una quinta si subes, pero una cuarta si bajas. Al ir de Sol a Do es justo al revés. Y luego, la tercera mayor está relacionada con la sexta menor. Por ejemplo: de

Do a Mi hay una tercera mayor mientras que de Mi a Do hay una sexta menor, pero una tercera menor se relaciona con una sexta mayor. ¡Hum! De Do a Re hay un tono mientras que de Re a Do hay una séptima menor. ¿Está Do a un semitono o a cinco tonos y medio de Si? ¿Quién sabe? Veamos el tritono. Puedes ir de Do a Fa *sostenido* tocando tres tonos o dos terceras menores. De Do a Fa *sostenido* hay la misma distancia que de Fa *sostenido* a Do. Eso, para mí, es un intervalo perfecto, pero de Do a Sol se llama quinta *perfecta*. Interesante. ¡No son más que números! ¿Entiendes?

—¡Rotundamente no! —respondí orgulloso.

—Bien. Me gustan las respuestas sinceras —dijo Michael—. No todos los conceptos se pueden pillar a la primera.

—Creo que eso lo entiendo —afirmé.

—Hay gente que estudia mucho y trata de entender toda la información a la vez, sin darse cuenta de que probablemente eso no les hará tocar mejor. El conocimiento no se acumula todo al mismo tiempo. Deja que la información de Isis se cocine a fuego lento. Todo lo que te dijo cobrará sentido a su debido tiempo. Me interesa más el resto de lo que tuviera que decir sobre el «espacio». ¿Te contó algo sobre los pájaros y las abejas?

—Dijo algo sobre los pájaros y la magia —contesté.

—¡Perfecto! Isis está afinada hoy —dijo para sí mismo, juntando las manos—. Lo que te contó tiene más que ver con tu mente que con cualquier otra cosa. Te dijo que la Música se toca con la mente. Te dio algunas pautas sencillas para saber cómo usar la mente en todo su potencial.

—¿A eso lo llamas simple? —pregunté.

—Su mensaje es simple, sí. Dejaste que sus palabras y sus números te confundieran. Una vez aprendes a hacer lo que ella te propone y entiendes el poder y el valor del tiempo, entiendes de verdad el poder de la Música y la mente.

—No sé cómo podría entenderla nadie con un acento tan desastroso como el suyo.

—Eso es porque te centraste en las palabras en vez de en el mensaje. Si te limitases a vaciar la mente y dejar que el significado entrase en ella, no importaría cómo hablase. Lo entenderías igual que la Música. El mismo proceso se puede utilizar para comunicarnos con cualquier persona o con cualquier cosa, incluso con los animales.

—¿Qué?

No podía estar hablando en serio, ¿no? Lo que pasó a continuación fue increíble. No espero que lo creáis porque a mí aún me cuesta, y eso que yo estaba allí; pero así es exactamente como lo recuerdo.

Michael me pidió que saliera a la calle y mirase hacia arriba. Así lo hice.

—¿Qué estoy buscando? —pregunté desde el patio delantero.

—En doce segundos, un halcón macho de ala roja pasará volando sobre tu cabeza —respondió.

No entendía cómo era posible que pudiese saber eso porque seguía dentro de la casa, sentado en su silla. Pero una vez más, estaba en lo cierto.

—¡Guau! ¿Cómo lo has sabido? ¿Lo has oído venir? —pregunté, apresurándome a entrar.

—Sí y no —respondió.

—¿Qué quieres decir?

—No necesitaba oír al halcón. Escuché a los otros pájaros.

Genial, ¿qué decían? —Estaba ansioso por escuchar su respuesta. Esperaba una contestación mística, mágica, que me hiciese alucinar. Lo que me dijo era tan simple que...Bueno, me hizo alucinar.

—Los pájaros no dijeron nada, o «cero», como diría Isis.

—¿Qué quieres decir? —inquirí de nuevo.

—Cuando un pájaro de presa está de caza, los pájaros más pequeños lo saben. Así que para evitar convertirse en la comida del halcón se vuelven tan invisibles como pueden. Muchos de los otros pájaros se esconden y se vuelven silenciosos. Cuando oí que los pájaros dejaban de cantar, supe que había una amenaza aproximándose por el aire.

—¿Cómo sabías que la amenaza estaba en el aire y no en la tierra? —pregunté.

—Los pájaros pían si hay una amenaza en la tierra porque saben que están seguros en los árboles. Si la amenaza es otro pájaro, los árboles puede que no les proporcionen suficiente protección, así que se vuelven silenciosos, se sumergen en los arbustos o hacen ambas cosas.

Para que viese que lo había entendido, lo dije en mis propias palabras. «Lo que estás diciendo, entonces, es que escuchaste el silencio creado por los pájaros».

—¡Exactamente! Muy bien expresado —respondió—. Y la forma en la que se movió el silencio a través del paisaje me permitió calcular la velocidad de aproximación del halcón.

Era increíble. Era tan sencillo que no podía creer que jamás me hubiese dado cuenta. En el pasado me había fijado en el canto de los pájaros, pero nunca se me había ocurrido prestar atención a cuando los pájaros *no estaban* cantando. Aún seguía sin entender cómo supo que era un halcón de ala roja y no un halcón de cola roja o algún otro pájaro.

—Una vez prestas atención al silencio, al factor «cero», aprendes a descifrar los distintos tipos de silencio —dijo Michael—. Recuerda: el cero se relaciona con otros números. Eso quiere decir que el cero o el silencio pueden cambiar. Entender eso te permitirá saber qué tipo de amenaza se está acercando.

Vale, no lo entendía. ¿Distintos tipos de silencio? Y ¿cómo parecía saber siempre lo que yo estaba pensando? *Ah, sí: poco a poco.*

—Ven, mira esto —dijo sonriendo.

Salimos de la casa y Michael empezó a emitir una serie de gritos cortos y agudos. Repitió los sonidos intermitentemente hasta que sucedió algo asombroso. El halcón de ala roja empezó a volar en círculos sobre nosotros bajando cada vez más. Después de pasar unas cuantas veces, se posó sobre el árbol que hay enfrente de mi patio.

—Quizá hoy lo haga —susurró Michael.

Entonces el halcón voló a una rama más baja. Jamás hubiese creído lo que estaba a punto de pasar. Era sencillamente imposible. Al tiempo que pensaba eso, pude imaginar a Michael diciéndome que cualquier cosa es posible.

—Cualquier cosa es posible —dijo Michael guiñando un ojo—. Ahora relaja la mente, permanece quieto, estate tranquilo, y deja que el silencio hable más alto que tus pensamientos.

No tenía ni idea de cómo se suponía que iba a hacer aquello, pero lo intenté igualmente. Para mi asombro, el halcón descendió del árbol y se dirigió hacia nosotros. Cuanto más se acercaba, más grande parecía. Miré a Michael para ver si estaba tan nervioso como yo. Se mantuvo allí con firmeza y levantó lentamente el brazo.

El halcón de ala roja (el pájaro salvaje, indomable, el gran ave de presa) se posó en su brazo. Era increíble y precioso al mismo tiempo. El pájaro, con su ancho pecho marrón y su afilado pico ganchudo, bajó la cabeza y dejó que Michael le rascase en la parte posterior del cuello.

—A todos los animales les gusta que les acaricien —afirmó—. A las aves les gusta que les rasquen en la parte posterior del cuello. Es un sitio al que ellos no llegan.

Me pidió que sacase el brazo y de nuevo, para mi sorpresa, el halcón se posó sobre él. Me sorprendió el miedo que daba. El ave pareció percibir mi aprensión y empezó aletear violentamente hasta que Michael llegó hasta él y continuó rascándole el cuello. En poco tiempo, el halcón también permitió que yo le rascase el cuello. Era increíble ver a un pájaro tan grande bajar la cabeza para que le acariciaran, en vez de bajarla para arrancarme los dedos.

—Los animales responden a tus sentimientos —afirmó Michael—. Necesitas apartar tus pensamientos para que tus auténticos sentimientos puedan hablar.

—¿Cómo hago eso? —pregunté.

—¿Cómo haces qué?

—Meditación, supongo. —Fue lo primero que me vino a la mente, así que lo solté tal cual—. He oído que la gente lo usa para despejar la mente, pero nunca he llegado a entender cómo se hace. ¿Podrías enseñarme a meditar?

—Te mostraré qué hacer —respondió—. Puedes enseñarte a ti mismo.

¿Cuándo aprendería?

Nos despedimos de nuestro amigo el halcón y le vimos alejarse volando. Cuando volvimos dentro, Michael cerró las persianas y me instó a sentarme cómodamente en una silla.

—Despeja tu mente, escucha mi voz y presta atención a cómo te sientes.

Estaba sentado en el suelo detrás de mí y hablaba con voz baja y suave. También hablaba más despacio de lo habitual. Yo aún estaba emocionado por lo que acababa de presenciar y no podía dejar de pensar en ello.

—El entusiasmo es un sentimiento sincero —afirmó—, y los sentimientos sinceros tienen poder. Puedes usar este poder si sabes cómo. El entusiasmo que sientes hace que tu cuerpo se estremezca. Presta atención a ese sentimiento y deja que llegue a todo tu cuerpo. Rodéate con el hormigueo.

Me quedé allí sentado y traté de hacer lo que me decía. Cuanto más lo intentaba, más difícil se hacía. Sólo podía adherirme al hormigueo cuando no lo intentaba.

—Este es un ejercicio de control de la mente y el cuerpo —dijo Michael—. No lo pienses. Deja que ocurra. Es el momento de usar la «no concentración». Usa la intención, no el objetivo, para conseguir que el cuerpo haga lo que le pides. Despeja la mente y usa las emociones.

Lo intenté durante unos minutos más, hasta que me frustré y abrí los ojos.

—No lo entiendo —dije—. Estoy intentando con todas mis fuerzas aferrarme al sentimiento, pero parece que cuanto más lo intento más se me escapa.

—Lo que acabas de decir puede ser la clave de la solución —me dijo—. No lo intentes *mucho*, intenta hacerlo *fácil*. Trátalo como un juego, sin presión. Si no funciona, ya ves qué problema. Como coger agua con la mano, requiere de un proceso suave.

Cerré los ojos y respiré hondo. *Intenta hacerlo fácil*, me dije a mí mismo. La idea me hizo sonreír. Después de lo que pareció sólo medio minuto, pude sentirlo. Podía sentir el hormigueo en todo el cuerpo. Michael dejó que me quedase allí sentado para experimentarlo durante unos instantes. Cuando lo hice, me dijo que redujera la sensación en tamaño, pero no en intensidad. Me pidió que visualizase el hormigueo como una bola de energía concentrada y la pusiera en el centro de mi pecho. Una vez lo hube conseguido y pude mantenerlo ahí durante un rato, me pidió que moviera la bola por distintas partes de mi cuerpo. Dijo que cualquier sensación podía moverse de esa forma.

—Hacer esto puede ser muy curativo o muy dañino —dijo Michael—. Depende de la intención.

Cada vez que me concentraba en el hecho de que estaba haciéndolo, la sensación empezaba a desaparecer.

—Déjala ir —me dijo.

Una vez fui capaz de relajarme y «dejarla ir», la sensación volvió. Y respondió de una forma inesperada. Cuanto más la liberaba, más se quedaba. No estaba seguro, pero parecía que todo lo que tenía que hacer era tratar de dirigir el hormigueo. El esfuerzo físico parecía tener el efecto contrario. Una vez que tuve el hormigueo donde quería, lo moví alrededor de mi cuerpo hasta que Michael me pidió que le dejase llenarlo de nuevo completamente.

Después de haber conseguido eso, continuó. «Estás rodeando el hormigueo con tu cuerpo. Ahora deja que él te rodee a ti».

Si alguien pudiera escuchar lo que me estaba pidiendo que hiciera… Traté de no pensarlo.

Me imaginé a mí mismo dentro del hormigueo. Podía ver todo a mi alrededor como si estuviese en el centro de un capullo luminoso de color dorado anaranjado. De alguna manera, parecía saber cuándo lo había hecho bien en una fase antes de llevarme a la siguiente.

—Ahora que está fuera de tu cuerpo —continuó—, puedes alejarte de él y dejarlo ahí o mandarlo hacia otro sitio. En este instante quiero que envíes el hormigueo hacia mí.

Le oí atravesar la habitación andando, pero no abrí los ojos.

¿Cómo se supone que voy a hacerlo?, pensé para mí mismo (o eso creía).

—¡Vamos! —exclamó Michael—. Un niño no preguntaría cómo. Simplemente dejaría que pasara. Usa tu intención. Toca como un niño.

No sabía qué hacer, así que improvisé. Cogí aire y visualicé mi hormigueo como una luz dorada que me rodeaba el cuerpo. Me inhibí mentalmente de ello para poder verlo como una entidad separada de mí. Al exhalar, dirigí mi aliento hacia Michael. Lo vi desplazarse lentamente a través de la habitación. Casi me reí en voz alta, porque parecía un gran cero. Tan pronto como imaginé que lo alcanzaba, respondió:

—¡Muy bien! ¡Muy, muy bien! Al primer intento. Estoy sorprendido y un poco celoso. A mí se me fue completamente el halcón la primera vez que envié mi burbuja de intención hacia él. Tuvo que ir saltando de rama en rama para poder alcanzarle.

Mis ojos se abrieron. Me sentía algo aturdido y sacudí la cabeza mientras le escuchaba, sin tener claro si me estaba tratando con condescendencia. Fuera como fuera, funcionaba. Yo estaba asombrado y eufórico por lo que acababa de conseguir.

Después de un momento de celebración, Michael se me acercó y me miró fijamente a los ojos. No sabría decir de qué color eran, pero en la oscuridad de la habitación parecían brillar.

—Ahora bien —continuó—: esto es un tema serio. Puedes tomártelo como un juego al principio, pero incluso entonces, tu intención debe ser limpia. Una vez que consigues confiar en tus habilidades, el poder se incrementa. En ese momento, la forma en que lo uses tiene un profundo efecto en toda la Vida que te rodea. Ahora mismo puedes tomarlo como un juego, pero debes saber que no lo es.

Me dio unos segundos para pensar en lo que acababa de decir antes de acercarse más y continuar. Podía sentir sus ojos tratando de alcanzar mi alma, para comprobar si sus palabras me estaban dejando huella.

—No tienes idea del alcance de este poder —me dijo—. Puedes usarlo para curarte a ti mismo, a otros, o para...

Miró a través de la habitación. Seguí su mirada. Había una flor en un jarrón sobre la mesa de la cocina. Un rayo de sol se colaba a través de la persiana e iluminaba algunos de sus pétalos. Para mi asombro, cuando la estaba mirando, la flor se marchitó. Literalmente, cayó. Yo casi me caigo también. Abrí la boca con incredulidad. Volví a mirar a Michael. Estaba sonriendo. Me guiñó un ojo y miró de nuevo a la flor. Volví a mirarla y, para mi sorpresa, estaba viva y totalmente lozana. Miré de nuevo a Michael sin saber qué pensar.

—¿Crees en eso? —preguntó. Su sonrisa del gato de Cheshire era más triunfal que nunca.

Yo ya no sabía qué creer. Me quedé allí con la boca abierta, mirando alternativamente a Michael y a la planta. Se volvió y fue hacia la puerta principal. Al abrirla, me miró y dijo algo más.

—Nos vemos en el Café Grapevine a las diez. Esta noche convertiremos todo esto en Música.

Empujó con suavidad la puerta y se fue, y yo me quedé allí de pie en la oscuridad, reflexionando aún sobre lo que era real y lo que no.

El Café Grapevine es un pequeño club nocturno de Nashville que está en Elliston Place. Elliston Place es una pequeña calle con una próspera actividad comercial durante el día y una escena nocturna muy activa. Hay unos tres o cuatro bares y clubs nocturnos distintos en esa pequeña calle.

El café sólo tiene aforo para ciento cincuenta personas, pero hay un gran ventanal justo detrás del escenario que hace que cualquiera pueda ver bien al grupo desde la calle. Esa noche en concreto, la calle estaba llena de gente que intentaba mirar y escuchar a través del ventanal. No sabía si Michael habría llegado ya, y con la larga cola de gente que había no creí que pudiese entrar a ver si ya estaba dentro.

Al acercarme al club vi que alguien de la cola señalaba algo. Me volví a mirar y vi una imagen extraña. Por la calle venía un hombre que llevaba una capa negra con forro azul, cerrada al cuello con un broche de plata. Llevaba una bandera americana liada en la cabeza y, lo creáis o no, iba en monopatín.

Cuando se acercó, pensé en escabullirme para que nadie supiera que aquel tío iba conmigo. Desde dentro de la puerta oí a alguien gritar: «Michael, tu mesa está lista. Te están esperando».

Corrí a su encuentro en el momento en que entraba al club. «Está conmigo», gritó Michael mientras nos abríamos paso entre la muchedumbre de la entrada. Las caras que ponía la gente que estaba intentando entrar me hicieron sentir feliz de ir con él, incluso si llevaba una capa.

El grupo ya estaba tocando. Sonaba increíble. Hasta que no llegamos a nuestra mesa no me di cuenta de que Sam era el bajista.

—No sabía que dejaban entrar a gente tan joven —bromeé.

—No hay otro músico en la ciudad que pueda tocar como Sam, y eso te incluye a ti —replicó Michael.

Me dolió, pero era cierto. Conocía a la mayoría de músicos de la ciudad, y ninguno tenía el feeling de Sam. Nunca sacrificaba el Groove para tocar un «lick» y siempre tocaba sonriendo, como si realmente lo disfrutase. Eso era impresionante. (¿Hace falta que os recuerde que Sam sólo tenía once años?)

—Esta noche es una ocasión especial —comentó Michael—. Estos tíos no suelen tocar juntos muy a menudo. Todos los miembros del grupo son los mejores en lo suyo, pero hoy quiero que prestes atención al batería. No hay un batería en el mundo que pueda regular el groove como lo hace él. También es un maestro usando el espacio. Date cuenta de cómo lo usa para hacer que destaque lo que *sí* toca.

—¿Cómo se llama? —pregunté.

—Eso no es importante; tú solo escucha —respondió.

Regular el *groove*. Era otro concepto nuevo. No sabía qué quería decir, pero estaba ansioso por descubrirlo.

Escuchamos al grupo improvisando unos cuarenta y cinco minutos antes de que me diera cuenta de que el batería no había hecho ni un solo. Rara vez tocaba algún adorno, y a menudo dejaba un silencio al final de las frases más que llenarlas de redobles. Me di cuenta de que el groove era así más fuerte y consistente. Se veía que el batería tenía frases propias, pero me llamaba la atención que no las luciese. *Quizá eso era lo que Michael quería decir. Me encantaría tocar con ese batería.*

Justo entonces, el guitarrista empezó a hablar por el micrófono.

—Damas y caballeros, quiero presentarles a un hombre, el tío más malo de la tierra. A mí me llaman «el profesor», pero yo voy a presentarles al hombre que me enseñó todo lo que sé, más algunas cosas que no sé, por no mencionar unas cuantas que no debería saber. Recién llegado de su gira por Nunca Jamás, segunda estrella a la derecha, el único e inigualable, siempre ligando en los bolos y golfo como él solo... ¡Michael!

El teclista tocó una fanfarria y Michael saltó sobre la mesa, se colocó la capa sobre la parte inferior de la cara e hizo una reverencia con una rodilla. Entonces se puso en pie rápidamente y sujetó la capa totalmente abierta con ambas manos como si estuviese haciendo su mejor imitación de Batman. Era todo un espectáculo.

El público no sabía qué pensar, ni yo tampoco (aunque pensaba para mis adentros que la capa era guay). Se bajó de la mesa de un salto, agarró mi mano y se dirigió rápidamente al escenario, arrastrándome con él. No me dio tiempo a pensar.

—¿Qué quieres hacer, Michael? —preguntó el guitarrista.

—Quiero cantar «Mustang Sally» en Do —respondió—. Este amigo mío quiere tocar con tu batería. Dice que es bajista.

Vi a Sam reírse mientras se quitaba el bajo y me lo pasaba. Era demasiado tarde para decir que no conocía al tío raro de la capa, así que cogí el instrumento.

Empecé a sentir que la gente me clavaba la mirada, y una ola de nerviosismo e inseguridad me invadió. No sabía qué hacer. Había tocado esa canción cientos de veces; pero esa noche, no sé por qué, me había quedado en blanco.

Michael me miró. Yo ya estaba sudando. ¿Cómo iba a estar a la altura del chico que había estado tocando toda la noche? Miré a Sam. Me ofreció una sonrisa tranquilizadora.

Ah, claro: sonríe, recordé.

Con cuatro golpes de baquetas y sin más tiempo para pensar, la canción empezó, *sin* bajo. Estaba tan tenso a causa de la ansiedad que me olvidé de entrar. Michael vino rápidamente al rescate.

—¡Aguanta, aguanta! Voy a dirigir esto, pero he olvidado ponerme el cinturón de seguridad. —Simuló sentarse en un coche y ponerse el cinturón, y entonces se volvió y me guiñó un ojo—. Tú sólo haz que tenga *groove* —susurró.

Hicimos un buen comienzo. Nunca había oído cantar a Michael. Era increíble. Era un cruce entre Otis Redding, James Brown y Bob Dylan, si es que eso es posible. Aunque corría entre el público, bailaba y se abría completamente de piernas, nunca desafinaba. También se puso a cantar en un momento dado para la gente que miraba desde fuera de la ventana. Fue aún más increíble ver cómo se manejaba en un escenario tan pequeño, sin romper nada ni hacerse daño.

Después de cantar unas cuantas estrofas y estribillos, Michael señaló al guitarrista, quien se puso a tocar el solo más increíble que jamás había oído. Su guitarra gritaba y chillaba de tal forma que parecía que el instrumento estuviera vivo.

Cuando terminó, fue el turno del saxofonista. Gran parte del solo lo hizo tocando dos saxofones a la vez. El teclista usó un dispositivo que llevaba pegado un tubo. Sostenía el extremo del tubo en la boca mientras hacía sonar el teclado como si estuviese hablando. Era increíble. Nunca había visto un grupo de músicos con tanta habilidad.

Los solos fueron pasando a cada músico, hasta que me di cuenta de que iba a tocarme a mí. Estaba tan absorto con los solos anteriores que olvidé pensar que me llegaría el turno. Eso, en realidad, me ayudó. Si hubiese estado pensando en el solo, habría pasado nervioso toda la canción en lugar de haber estado disfrutando. Pero ahora, mis nervios eran como una bomba a punto de explotar. Podía sentirlos dominando todo mi cuerpo. Michael me miró y respiró hondo. Pillé la sugerencia e hice lo mismo.

Todos dejaron de tocar excepto el batería y yo. Siempre he odiado cuando pasa eso. Todos los demás solistas tocan con el grupo al completo, mientras que el bajista tiene que tocar únicamente con el batería. Bueno, él no era «solo un batería». Tocar con ese tío era como si te llevaran en brazos.

Me miraba sentado tras la batería, esperando a que entrase. El groove que llevaba era tan sólido que me tranquilizó un poco, pero aún no sabía qué tocar. Lo único que sabía era que no iba a permitir que un niño de once años me pusiese en evidencia, o al menos no en público. Decidí ir a por todas.

Empecé el solo con un efecto, y cuanto más tocaba, más inseguro me sentía. Cerré los ojos y traté de meterme más en la música. Todos los demás habían tocado un solo largo, así que decidí tomarme mi tiempo y decir todo lo que quería decir. Usé todos mis recursos y toqué todas las notas que me sabía.

Abrí los ojos y miré a Sam: estaba sonriendo. Recordé mi clase con él y empecé también a sonreír. Parecía funcionar. Michael, sentado cerca de él, le susurró algo al oído. Sabía que estaban hablando de mí. Para tratar de que no me afectase, volví a cerrar los ojos.

Esa noche, incluso aunque estaba nervioso, toqué el que creo que fue uno de mis mejores solos. Cuando terminé, la gente enloqueció. Me sentí tan bien que no podía dejar de sonreír. Para aparentar tranquilidad, retrocedí y me apoyé en el ampli como si aquello fuese el pan nuestro de cada día. Miré al batería, y esperé a ver qué iba a hacer después de aquello.

Tranquilo y relajado, mascaba chicle y movía la cabeza arriba y abajo. No parecía que yo le preocupase lo más mínimo. El groove que había establecido era el más duro y sólido que yo había oído nunca. De hecho, siguió haciendo lo que había estado haciendo durante toda la canción.

Después de unos ocho compases o así de un groove intenso, dejó de tocar. Se detuvo en seco. Seguía meneando la cabeza arriba y abajo con el groove. Miré a Michael y a Sam. Sus cabezas, como las del resto del público, estaban meneándose arriba y abajo.

Me maravillaba que aunque nadie estaba tocando la batería (ni ningún otro instrumento, ya puestos), el groove seguía allí. Toda la sala podía sentirlo. Era tan sólido como lo había sido desde el principio. El hecho de que hubiese establecido un groove tan fuerte durante tanto tiempo hacía que todos lo siguiéramos sintiendo.

Después de cuatro compases, golpeó el splash una vez. Entonces se quedó allí sentado, en silencio, meneando la cabeza y mascando chicle durante otros cuatro compases. Después, acabó. Ese fue su solo. Y volvió al mismo groove de antes. Fue extraordinario.

Yo estaba anonadado. ¡Era el solo más increíble que recordaba haber oído nunca! La idea de abordar así un solo era de por sí una genialidad. Su solo dijo más que el resto de los nuestros juntos, y lo hizo sin decir nada. Podía oír la voz de Isis en mi cabeza mientras repetía el número cero una y otra vez. Empezaba a entender mejor esa idea.

El batería había creado espacio de una forma que hizo que destacasen los pocos tiempos que sí tocó. Lo hizo de tal forma que nos obligó a nosotros, los oyentes, a escucharle. Y vaya si le escuchamos. Nos hizo apreciar completamente cada redoble. Lo estaba pillando, y *eso* me emocionaba. *Este batería es un genio*. Sabía que tenía que aprender más acerca de cómo usar el espacio, y deseé que terminase la canción para poder hablar de ello con Michael.

Cuando acabó, dimos la mano a los miembros del grupo y le pasé gustosamente el bajo a Sam. Estaba ansioso por bajar del escenario y preguntar a Michael por lo que había pasado. Quería saber exactamente cómo el batería había hecho lo que había hecho. Lo entendía a un nivel superficial; pero sabía que allí había algo más profundo, algo que me estaba perdiendo.

Al volver a la mesa, Michael me dijo que siguiera escuchando. Dijo que podría preguntarle yo mismo al batería cuando el bolo acabase, y eso fue lo que hice.

Al final de la noche, después de que recogiesen todo el equipo, Michael y yo nos sentamos con el batería y charlamos un poco. Sam no podía quedarse porque tenía que ir al colegio a la mañana siguiente. Había muchas cosas que quería saber sobre el espacio y cómo usarlo. Le pregunté al batería si querría hablar de eso antes de marcharse.

—Michael es quien debería hablar de eso, no yo —respondió—. Él me mostró el camino a este mundo. Yo sólo lo exploro y aprendo a usarlo a mi manera.

—Pues está claro que lo estás haciendo muy bien —le dije—. Lo que has hecho esta noche ha sido increíble.

—Gracias —fue su humilde respuesta.

—¿Puedes ayudarme a entender el espacio como tú lo haces? —pregunté.

—Empieza por entender los *silencios* primero —respondió—. Un silencio musical se relaciona con el espacio, pero es más corto. Tu solo de esta noche ha sido muy bueno, pero has corrido al final de casi todas las frases. No usabas el espacio correctamente. Has tocado como si tuvieras algo que demostrar. Eso hizo que corrieras. Estabas tan ansioso por tocar el siguiente grupo de notas que descuidaste las demás. No les diste a las notas toda su Vida, no las dejaste respirar. En términos más simples: tocaste las notas, pero no los silencios. Si no tocas los silencios y les das la misma atención que le das a las notas, te apresurarás; es así de simple.

—Nunca había pensado en eso —comenté.

—Lo sé. La mayoría de la gente no lo hace —respondió.

Estaba siendo totalmente sincero conmigo, pero no me importaba.

—Cuando nos dan clase de niños por primera vez —continuó—, aprendemos a leer Música y aprendemos dónde están los silencios, pero rara vez aprendemos realmente cómo tocarlos. Y nunca nos enseñan cómo *usarlos*. Sabemos cómo usar las notas para producir los resultados que queremos, pero nunca nos enseñan cómo usar así los silencios. Si prestamos atención a los silencios y aprendemos de verdad cómo usarlos, descubrimos que pueden hablar con más volumen y profundidad que las notas.

—¿Con más volumen y profundidad que las notas? ¿Qué quiere decir eso? —pregunté.

—Si tocas para un público ruidoso y quieres que dejen de hablar y empiecen a escucharte, ¿qué haces? —preguntó.

—Tocar más fuerte, supongo.

—¿Eso no haría que hablasen más alto? —preguntó.

—Supongo que sí. Quizá debería tocar más bajo para hacer que me escuchasen.

—Correcto; o dejar de tocar completamente. Piénsalo. Un bebé se duerme con cualquier ruido que haya siempre que sea constante; pero si el ruido se detiene, el bebé se despierta. ¿Por qué? Porque el silencio fuerte le sobresalta profundamente. —Hizo un suave gesto de golpeteo sobre la mesa.

—Ah, sí —dije, sin entender cómo podía haberlo olvidado—. Vi a Michael hacer que un tío se callara usando sólo la dinámica, y ese tío estaba al otro lado de la sala.

El batería sonrió a Michael y comentó: «Todavía haciendo trucos, ¿eh, Michael?»

—Siempre me han encantado los buenos trucos de magia —respondió Michael con su habitual sonrisa.

—Michael podría hacer callar a un tío en Cincinatti si se lo propusiera —añadió el batería antes de continuar—. Escucha todo el ruido de fondo que hay ahora mismo.

Se sentó de nuevo, así que hice lo propio. Podía oír a los camareros hablando y preparándose para cerrar. Hasta ese momento no había reparado ni en la música que sonaba por el equipo de sonido ni en el ruido de coches y gente de la calle. No había caído antes, pero todos esos sonidos nos hacían hablar más alto.

—¿Qué pasaría —preguntó el batería— si todos los ruidos cesaran de repente?

Lo pensé un momento antes de que él respondiera por mí.

—Te quedarías en «completo» silencio. Tus oídos reaccionarían y escucharías atentamente en la dirección de la que proviniese el silencio. Buscarías una causa, y tu percepción contactaría con el siguiente sonido disponible que distinguieras. Lo que tienes que hacer ahora es aprender a crear el mismo efecto. Cuando tocas para un público que no atiende, tú y tus compañeros de grupo sois el ruido de fondo. Debe cambiar algo para poder hacer que el público te escuche. Pueden decidir ellos empezar a escuchar por cuenta propia, o puedes decidir tú por ellos. Puedes hacerles escuchar sin que lo sepan. La mejor forma de hacerlo es usar la dinámica; o, mejor aún, usar el espacio. Crea silencio y deja que el siguiente sonido que les llegue sea el del bajo. Si lo haces bien, te estarán escuchando toda la noche. Eso es todo lo que hice en mi solo.

—Usaste el espacio, y lo hiciste muy bien —comenté.

Me señaló con su dedo huesudo y respondió con tono serio. «Correcto; y, como viste, nadie dijo una palabra. Estaban sentados al borde de la silla, pendientes de lo que iba a hacer a continuación. El espacio provenía de donde yo estaba, así que todos me miraron. Les tenía comiendo de mi mano. Llegados a ese punto podría haber hecho cualquier cosa con ellos; pero he optado por dejarles ir poco a poco. ¿Cómo lo he hecho? ¡No tocando nada!» Volvió a sentarse, sonrió y siguió mascando chicle.

Para mí, aquello era extraordinario. Estaba ansioso por aprender a usar así el espacio. Y aunque lo que decía tenía todo el sentido del mundo, yo no sabía por dónde empezar. Se sentó rápidamente y respondió a mis pensamientos.

—Empieza con los silencios —afirmó—. Aprende a hacer que un silencio hable más fuerte que una nota. Toca una línea musical y entonces empieza a omitir notas, para enfatizar el silencio. Deberías acabar tocando más silencios que notas. ¿Le has hablado de proyectar sus intenciones? —preguntó, mirando a Michael.

—Sí —respondió Michael.

El batería corrió su silla hacia la mía. Inclinándose, acercó la boca a mi oído y susurró. «Crea espacio de la forma apropiada, y después llena el espacio con un sentimiento puro. No tendrás que proyectarlo hacia ningún sitio. El espacio que hayas creado atraerá al oyente. Y entonces...» Apartó la silla y empezó a ponerse de pie. «Ay, tío, eso es lo bueno. Aprende a hacer que funcione, y estarás en camino».

Tras ese comentario, fue él quien se puso en camino. Cuando se estaba volviendo para marcharse, le agradecí la clase y le dije que esperaba tocar con él de nuevo.

—Ah, lo harás —respondió, como si supiese algo que yo no sabía—. La vida se parece mucho a la Música. Tienes que ponerle algo de silencio. Y justo ahora tengo que ir a por el mío. ¡Hasta otra! Ya nos veremos por ahí.

Antes de que saliese por la puerta, se volvió para mirar por última vez a una preciosa camarera que pasaba en ese momento. «Sólo estoy admirando la obra de Dios», comentó. Le observé en silencio acercarse a su coche.

Michael estuvo allí sentado y sonriendo todo el tiempo. Parecía disfrutar viendo cómo otro que no era él me hacía alucinar.

—Es increíble —afirmé.

—También es creíble —respondió Michael.

—Creo que ha disfrutado jugando con mi mente tanto como tú.

—La mayoría de la gente *trabaja* con la mente, pero *jugar* con ella puede ser mucho más efectivo —respondió.

—¿Le enseñaste tú todo eso?

—Lo que le mostré no es tan importante como si has aprendido algo esta noche o no. ¿Has aprendido?

—Claro que sí.

—Bien, porque ahora debemos irnos. Tenemos una cita con una rana.

ESCUCHA

Creemos que la Música se detiene en los oídos.
Eso es un error. Las vibraciones se pueden sentir en todos
los sitios y en todo momento, hasta con los ojos.

Condujimos unas cuantas millas hasta un sitio llamado Lago Radnor. «Radnor», como lo llaman los lugareños, es uno de los parques estatales más bonitos de Tenessee. Ubicado cerca de la zona de Green Hills, en Nashville, alberga una gran variedad de flores silvestres, aves, reptiles y mamíferos. El lago, de treinta y cinco hectáreas, atrae a naturalistas, amantes de las aves y senderistas de todas partes. Sus senderos, que recorren algunas de las colinas más altas de Tennessee, lo convierten, junto con el lago, en un sitio muy visitado durante todo el año. Es uno de mis lugares favoritos, y había estado muchas veces; pero sólo de día. Nunca había ido de noche.

Aparcamos en una tienda cercana y bajamos por una oscura calle que llevaba a la entrada del parque. Debía haber nubes, porque no se veían ni la luna ni las estrellas. Eso, unido al hecho de que no había farolas, hacía que en el paseo fuésemos tan a oscuras como si hubiésemos cerrado los ojos. Los sonidos del bosque en la distancia hacían que la madrugada fuese aún más sobrecogedora. Michael caminaba en silencio y se detenía a menudo, como si esperase escuchar algo.

—Por aquí —dijo.

Me llevó a un banco en el otro lado del lago. «Escucha», susurró, y se sentó en silencio. Nos quedamos callados un rato, escuchando el coro de grillos, ranas y otros insectos que llenaba el aire. Los sonidos eran hipnóticos, y me arrullaron hasta el trance, del que me sacó la voz de Michael.

—Presta atención a cómo los animales se escuchan entre ellos —dijo.

No me había fijado antes, pero los animales sí parecían escucharse unos a otros. Sonaba como si las diferentes especies se turnaran para cantar. Cuando los animales hablaban unos sobre otros, lo hacían en un registro diferente. Era como escuchar una obra maestra bien orquestada.

Estuve disfrutando de aquella música hasta que un avión pasó por encima de nosotros e hizo que todos los animales se callaran. Cuando el sonido del avión se desvaneció, los animales intentaron reanudar el coro. Les llevó un tiempo volver a sincronizarse, como si cada músico no tuviese claro dónde debía entrar.

—Hay una especie de rana —afirmó Michael— que usa su coro al unísono para sobrevivir. Cuando hablan juntas, suenan como un animal mucho más grande. Los sonidos no naturales, como el de ese avión, rompen su unidad; y cuando tratan de volver a unirse, son capturadas y devoradas por sus predadores. A causa de eso, algunas especies de ranas se están extinguiendo. Eso pasa inadvertido para la mayoría de la gente. Nuestra especie ha olvidado cómo hay que escuchar.

Nunca había pensado en la posibilidad de que la contaminación sonora pudiese llevar a la extinción de los animales. Sabía lo mal que me hacían sentir algunos sonidos, así que no me resultaba tan descabellado creer que esos sonidos pudieran afectar seriamente también a otros animales.

Me senté y me sumí en un trance melancólico pensando en aquello. Eso duró hasta que Michael empezó a emitir graves sonidos guturales. No tenía ni idea de lo que intentaba hacer. Continuó durante unos quince minutos, con pequeñas pausas y giros de cabeza en todas direcciones para escuchar.

De repente, sentí que algo se me había posado en la pierna izquierda. Después, saltó a la derecha. Aquello me sobresaltó. Por dentro, estaba gritando. Por fuera, estaba helado y en silencio. Lo habría arrojado al agua si Michael no lo hubiera cogido antes. Traté de enfocar la vista en la oscuridad. No sabía qué era, hasta que oí que hacía el mismo sonido que Michael había estado haciendo. Era una rana, una rana bastante grande. Michael le dio la vuelta a la rana y empezó a frotarle la barriga.

—A todos los animales les gusta que les acaricien —dijo—. Esta es Betty; es amiga mía. Su hermano Jeremiah murió hace poco.

—¿Jeremiah era una rana toro?

—Sí, era un buen amigo mío.

Empecé a reírme, pero entonces caí en que acababa de decir que Jeremiah había muerto. Por si acaso hablaba en serio, traté de parecer triste.

—¿Cómo murió?

—Por la contaminación —respondió Michael—. Esta área no puede mantener el número de ranas que tenía antes.

—¿Qué quieres decir? Yo he venido aquí siempre. Este lago está bien cuidado. Los guardas se aseguran de que no se vierta nada, y...

—Contaminación sonora —dijo, interrumpiéndome—; o llámalo «contaminación por vibraciones». De cualquier modo, la causan sobre todo los aviones y las construcciones cercanas. Los Amigos del lago Radnor han estado intentando durante años que se redirija el tráfico aéreo para que los aviones no pasen directamente sobre el parque. Lo han intentado, pero no han tenido éxito.

»Además del ruido que hacen, los aviones cambian toda la vibración del parque. Eso no es bueno ni para los animales ni para los visitantes. Los ecologistas saben que los aviones no son buenos, pero no acaban de entender por qué.

—¿Te contó eso Betty? —pregunté, aparentando seriedad.

—No, pude sentirlo. Por eso vengo aquí casi cada noche y les canto a los animales. Les ayuda a reajustar las vibraciones. Las ranas son las que parecen disfrutarlo más.

—¿Les cantas? —pregunté, sin esconder ya mi incredulidad—. ¿Intentas convencerme de que te escuchan?

—No intento convencerte de nada. Sólo te digo lo que hago.

—No te creo. Eres un hombre extraordinario y demás: eso te lo concedo. Llegaré más lejos y te diré que creo que estás lo bastante loco como para venir cada noche a cantarles a las ranas; pero no querrás que me crea que te escuchan.

—Ah, escuchan muy bien —afirmó—, mejor que la mayoría de los humanos. Éstos no pueden escuchar más allá de su limitada inteligencia. Cuanto más creen que saben, menos sincera es su escucha. Los humanos sólo oyen lo que quieren oír. Ponle un disco a un músico y antes de escucharlo tiene que saber lo que es. Y una vez que lo sabe, decide cómo suena antes de oírlo, basándose solamente en lo que cree que sabe del intérprete. ¿Qué más da quién sea? ¿Cómo suena y cómo te hace sentir? Eso es lo importante.

»Podrías aprender algunas cosas de estos animales; ellos saben escuchar. Algunos ni siquiera tienen oídos. No oyen en absoluto, pero sienten. Así que, con la voz y con todo mi ser, creo vibraciones curativas que combaten las vibraciones perniciosas que hay en el aire. Los animales dejan que esas vibraciones penetren por completo en sus cuerpos, y las vibraciones trabajan de forma parecida a las vitaminas. Esa es la mejor forma de escuchar. Deja que todo tu cuerpo capte las vibraciones, usándolo como un tímpano.

—Tendré que trabajar lo de *escuchar* así —señalé, tratando de tranquilizarme. Michael hablaba en un *tono* que parecía encajar con el pacífico lugar en que nos encontrábamos. Yo, por otra parte, hablaba únicamente a través de la *emoción*, lo que hacía difícil *articular* mis verdaderos sentimientos. Además, la *dinámica* de mi voz era demasiado alta debido al silencio del *espacio* en el que estábamos, lo que hizo que mi *ritmo* se diferenciase del ritmo del bosque. Quizá una *técnica* distinta podría ser de ayuda. Respiré hondo e intenté relajarme antes de decir mi siguiente *frase*. (Aunque fuera lentamente, estaba aprendiendo.)

—Ese es un pensamiento interesante —dije, orgulloso de mi compostura.

—Sí, pero no es un pensamiento extraño.

—Pero sigues tomándome el pelo, ¿verdad? Los animales no te escuchan realmente, ¿no?

—Sabes que las plantas responden a la Música, ¿no? —preguntó.

—Sí, lo había oído.

—¿Tienen oídos las plantas?

—Bueno; no, supongo que no.

—La Música, como todas las cosas, es vibración; eso es todo. Como los humanos oímos la Música con los oídos, damos por hecho que es la única forma. La mayoría de nosotros ni siquiera se plantearía la posibilidad de ver la Música, o de escuchar una flor. Lo que oímos no lo vemos, y lo que vemos no lo oímos. Creemos que la Música se detiene en los oídos. Eso es un error. Las vibraciones se pueden sentir en todas partes y en todo momento, incluso con los ojos. Puedes ver la Música si tu percepción es lo suficientemente amplia.

Años atrás, cuando vivía en Virginia, hice algunas actuaciones en una escuela para sordos y ciegos. Siempre me sorprendió ver bailar a los niños sordos. Realmente podían sentir la música. A veces dirigíamos los amplificadores hacia el suelo para ayudarles a sentirla aún más. Algunos de los chicos ciegos llegaban incluso a decir que podían ver la música. Sabía que respondían a la vibración de nuestra música, pero no creo que haya vuelto a pensar en ello desde entonces.

Aunque no podía imaginarme viendo música o escuchando una flor, lo que Michael me decía tenía mucho sentido, pero no me gustaba. No iba a dejar que siguiera engañándome con aquel razonamiento absurdo. ¡Hablaba de cantarles a las ranas! Bueno, eso para mí era un disparate. Sentí que estaba perdiendo la compostura; fui a responderle, pero me ganó por la mano.

—Las vibraciones —continuó— son penetrantes. Como ondas en el agua, te rebotan *y* te atraviesan. Una cosa importante que se debe recordar es que las vibraciones nunca dejan de vibrar. Piensa en eso. Las vibraciones pueden cambiar, pero jamás se detienen. Eso significa que deberíamos prestar atención a las vibraciones que originamos.

No me convencía. O, al menos, estaba intentando que no me convenciese, e iba a hacérselo saber. «¿Les cobras entrada a los animales?» sonreí.

—Me pagan a su manera —respondió.

—¡Basta, Michael! ¡Ya basta! ¡Ya he oído bastante! ¡Me traes aquí a las… ni siquiera sé qué hora es… y me sueltas esta chorrada! ¿De verdad esperas que yo…?

Estaba cogiéndole el gusto a crear mi propia contaminación sonora cuando, de repente, un sonido suave me detuvo a mitad de frase. Michael empezó a cantar. No había palabras, pero el aire se llenó con los sonidos más hermosos que se puedan imaginar. Ni siquiera sonaba como si viniese de su boca. La música estaba en el aire. No tengo palabras para explicar lo que estaba oyendo. Ojalá las tuviese. Era celestial. Era, bueno… «celestial» es lo mejor que se me ocurre.

Cerré los ojos y dejé que la música me envolviera. Era fácil. Era la primera vez que había sentido la música con todo el cuerpo. Pensaba que lo había hecho antes cuando oía música que me hacía ponerme de pie y bailar; pero, incluso entonces, sólo la oía con los oídos. En aquel momento, en el bosque, la estaba oyendo con todo el cuerpo, y la música estaba haciendo que todo mi cuerpo sintiese un hormigueo. Era una sensación agradable.

Recordé mis lecciones anteriores sobre el hormigueo. Dejé que la sensación permeara todo mi ser. Me sentía tan increíblemente bien que quería compartirlo. Me concentré en el hormigueo y dejé que se proyectase fuera de mi cuerpo. Lo expulsé como la otra vez, pero en esta ocasión me expandí con él a la vez que me mantenía unido a él. (Es difícil de explicar, pero yo sé lo que hice.)

Después de unos momentos, sentí que algo húmedo y frío me tocaba la mano. Abrí los ojos y vi un ciervo frente a mí, olisqueándome la palma de la mano. Aunque debería haberme sorprendido, la sensación era natural y maravillosa. Extendí la mano y le toqué la cabeza, sólo para asegurarme de que era real.

Me pregunto si seré capaz de hacer esto de nuevo escuchando música normal, reflexioné.

—Veo que ya has pasado a tu siguiente experiencia.

No sabía de dónde venían esas palabras. Era como si alguien me estuviese enviando sus pensamientos. Entonces me di cuenta de que parecían provenir del ciervo. No estaba seguro, pero tan pronto como le miré a los ojos me vinieron más palabras a la mente.

—Todas las experiencias, al igual que la música, son ordinarias. Eres tú quien añade la cualidad «extra» que convierte algo en «extraordinario». Pero, como la mayoría de los humanos, te arriesgas a perderte gran parte del presente poniendo parte de ti mismo en experiencias pasadas o futuras. Te recomiendo encarecidamente que vivas este momento en el «ahora» para que la experiencia y tú podáis compartir con el otro todo lo que tenéis que ofrecer.

Su voz era delicada y suave. Nunca había recibido consejos de un ciervo, así que decidí aceptarlo. Cerré de nuevo los ojos, para permitirme a mí mismo estar en aquel momento de forma plena.

Se hacía extraño estar en un trance así y sentirme tan consciente al mismo tiempo. Aferrado a mi consciencia, me expandí aún más hasta que pude sentir las plantas y los árboles. Sentí que también ellos escuchaban la música. Me pregunté si mi aura podría envenenarse con la hiedra. Un pensamiento extraño, lo sé; pero estaba en consonancia con la extraña experiencia que estaba viviendo.

Después de disfrutar de la música un rato, abrí los ojos y me pareció que era de día. Esa fue mi primera impresión, porque todo estaba muy brillante; hasta que me di cuenta de que aquella luz era un resplandor. Podía ver un luminoso resplandor envolviéndolo todo, y yo era parte de ello.

Miré a Michael. Seguía sentado allí con los ojos cerrados, cantando. Podía ver cómo la música salía de él. Parecía provenir sobre todo de su boca, pero observé que también salía y entraba de todo su cuerpo al mismo tiempo. La música estaba conectada con todo, y todo estaba conectado con la música, incluso yo mismo. Podía ver cómo las vibraciones rebotaban y atravesaban todo, lo que me permitía comprobar que todas las cosas estaban vivas y conectadas. Sabía dónde estaban todos los animales. No tenía que mirar; simplemente lo sabía. Nunca me había sentido así antes ni me he vuelto a sentir así después. Es difícil de explicar con palabras, pero sentí que me importaban mucho todas las cosas de las que antes *no* me preocupaba.

Cerré los ojos y me senté en el centro mismo de la música. Escuché todos los sonidos a mi alrededor y noté cómo encajaban. Como los diferentes instrumentos de un grupo, cada sonido tenía un propósito. Cada animal hacía un sonido que, de alguna forma, sustentaba a los otros, a la vez que dejaba suficiente espacio para que todos participasen. La música se oía y se sentía de una forma maravillosa. Sabía que lo mejor que podía aportar era silencio. Así que me senté callado.

Mientras escuchaba allí sentado, la orquesta creció en intensidad. Parecía como si cada vez participasen más animales e insectos. Quizá fuese yo el único animal del bosque que no estaba emitiendo ningún sonido, pero sabía que no era el único animal que estaba escuchando. Todos los animales debían estar haciéndolo para poder producir un sonido colectivo tan hermoso como el que yo estaba experimentando.

Más que nunca, comprendí el poder de la escucha, la simple y llana escucha. Me pregunté: ¿cómo sería la música si los músicos escuchasen así?

—Sólo a través del poder de la escucha puede conocerse algo de verdad.

No sabía de dónde venía ese pensamiento. Sentía como si viniese de la música, como si la música me hablase directamente a mí. En ese momento comprendí la conexión que hay entre escuchar y sentir. Sabía que ambas eran la clave para entender todo, y en especial la música. Yo me había considerado músico durante muchos años; pero en ese momento, sentado en el bosque, estaba seguro de que los animales sabían más de música que yo.

Durante un rato, había olvidado que la base de la música provenía de Michael. Y aunque estaba claro que su voz era la referencia de todo el sonido, no era en modo alguno más importante que ninguna otra voz.

Meses después, mientras tocaba con un grupo, recordé esa experiencia en el lago. Era capaz de usarla para recordarme a mí mismo cómo escuchar a otros músicos e interactuar con ellos. Mi recién descubierta habilidad para escuchar no interesaba a la mayoría de los demás músicos. No se trataba de que no pudieran escuchar tan bien como yo; era sólo que no lo hacían. Observé que parecían reservar sus oídos para sí mismos en lugar de abrirlos al resto del grupo. Encontré que, cuando escuchaba a los demás músicos más que a mí mismo, tocaba mejor. Comprendí que escuchar es una elección. Y es igual en el caso de las conversaciones:

cuando escucho a los otros más que a mí mismo, les respondo y atiendo mejor. También me ayuda a saber cuándo quedarme callado.

Escuchar con todo el cuerpo resultó ser muy beneficioso en los bolos. Las pocas veces que he tratado de explicar este concepto a alguien, ha resultado demasiado complicado. La mayoría de la gente no lo entiende. Lo ven como un concepto hipotético, no como una realidad. Supongo que tendré que llevar a mis amigos músicos al bosque y dejar que lo averigüen por su cuenta.

En el lago, sentía la presencia de todos los animales a mi alrededor. Abrí los ojos de nuevo y, para mi sorpresa, había unos cincuenta animales de todos los tamaños, sin contar las ranas y otros pequeños roedores que se sentaban o estaban de pie frente a nosotros. Había ciervos, coyotes, zorros, linces, conejos, mapaches, zarigüeyas, ardillas, castores, pájaros, murciélagos, serpientes, nutrias, visones, ratones y muchos más, todos conviviendo. Algunos estaban en los árboles y otros en el agua.

Michael cantó durante unos minutos más antes de quedarse poco a poco en silencio. Poco después, la mayoría de los demás animales también quedaron en silencio mientras los insectos continuaban con su coro. Me senté allí, impresionado, y siendo consciente de que quizá nunca volvería a escuchar algo así.

Michael se me acercó y agarró una serpiente que dormía enroscada en mi regazo. Ni me había dado cuenta de que estaba ahí. Me impactó tanto ver a todos los demás animales que no había tenido tiempo de tener miedo de la serpiente que ahora se arrastraba desde el brazo de Michael hasta el suelo.

Cuando los animales estaban tomando tranquilamente sus respectivos caminos, Betty saltó y se subió de nuevo a mi pierna izquierda. Me acordé de la serpiente y comenté: «Casi te reúnes con tu hermano». Me agaché y entonces le acaricié yo la barriga. Parecía gustarle.

Nos sentamos allí un rato mientras Michael seguía acariciando a los animales que quedaban. Iban hacia él para acercarse a las vibraciones que podía ver que aún emanaban de su cuerpo. Me hizo comprender el efecto que algunas estrellas del pop tienen sobre sus fans. ¿Es sólo que los fans quieren tocarles, o es que quieren inconscientemente conectar con sus vibraciones?

Toda la experiencia parecía irreal. Pero *era* real: vibraciones reales, energía real, música real, y ¡podía sentirla! ¡Podía verla! ¡Podía oírla!

—Bien —susurró Michael—, así es como se escucha la Música.

No sé cuánto tiempo había pasado; pero para cuando llegamos al coche, el sol casi había salido. Me senté en el asiento del conductor y apoyé la cabeza en el volante.

—¿Qué ha sido eso, Michael?

—No lo intentes. No se puede explicar con palabras.

Condujimos a casa en silencio.

¿EL SUEÑO?

*En todos tus años como músico, ¿cuántas veces le
has dado sinceramente las gracias a tu bajo?*

Estaba sentado «practicando» en el sofá. Lo siguiente que recuerdo es ir caminando por una calle abarrotada con un carrito de supermercado. No recuerdo si era de día o de noche. Ni siquiera recuerdo si podía verme a mí mismo, pero sé que vestía con harapos como si fuese una vagabunda que va recogiendo sus preciadas posesiones y las lleva en un carrito.

La principal diferencia era ésta: yo no recogía cosas físicas. Recogía pensamientos. Podía oír los pensamientos de la gente, y como eran tantos no daba abasto. No podía procesarlos, así que los llevaba en mi carrito, que estaba desbordado.

Toda la gente de la calle se reía de mí y me ponía motes. Los pensamientos que proyectaban eran aún peores. No sabían que yo podía oírles.

Pensaba en toda la gente supuestamente «loca» que veía vagando por la calle. Quizá no todos lo estuvieran. Quizá era que sus mentes estaban abiertas, demasiado para su propio bien. Quizá era simplemente que no sabían cómo procesar toda la información que recibían.

En ese momento, me hice la promesa no sólo de cambiar mi visión sobre las personas «locas», sino también de escucharlas. Era increíble pensar en las posibilidades, en todo lo que se podría aprender. Tener la oportunidad de ayudarles era algo que también me interesaba. Quizá podría ayudarles de alguna forma a controlar el exceso de información.

Ese fue el pensamiento que me hizo darme cuenta de que estaba viviendo una dualidad. Estaba en dos sitios diferentes simultáneamente. Era la vagabunda que llevaba el carrito de pensamientos, y era también alguien más, que lo observaba todo y reflexionaba sobre ello.

Traté de ver si podía entender alguno de los pensamientos que me invadían. ¿Podría ayudar a esa persona (yo mismo) a controlar y, quizá, a organizar los pensamientos que le abrumaban?

Intenté concentrarme en algunos de ellos. Las energías de mi cabeza y las del carrito se arremolinaban y se fundían. Era una mezcla muy confusa de información, pero había una fuerza que parecía prevalecer. No puedo explicar cómo era o cómo podía distinguirla de las otras; pero sentía que esa energía en particular era diferente. Era como si me estuviera haciendo señas, así que me aproximé y traté de cogerla. Ella fue la que me cogió a mí. Fue un suave tirón al que me rendí de inmediato.

Me vi en otro sitio; o, más exactamente, en otro espacio. No podría llamarlo habitación porque no había paredes, suelo ni techo. Los colores me envolvían y, al recordarlo, caigo en la cuenta de que cambiaban constantemente. Me rodeaba una energía que, de alguna forma, sentía que estaba viva. Así que decidí hablarle.

—¿Quién eres?

—Soy la Música —respondió.

Su voz era suave, de esas con las que te podrías fundir. No sé por qué, le atribuí un género femenino. Quizá fuese por la naturaleza dulce que sentí que emanaba de ella.

—¿La Música? —respondí—. Nunca me di cuenta de que estabas viva.

—Lo sé. Elegiste no darte cuenta, y por eso tu Vida musical nunca ha estado viva. Es también por eso por lo que la mía se está apagando.

—¿Qué quieres decir con eso?

—Tu visión de mí es que soy irreal, como un *sueño*. Crees que no existo hasta que tú me creas. Y, aún entonces, piensas que soy una creación separada de ti. La mayoría de los músicos de tu época lo ve así. Por ese motivo, me estoy muriendo y necesito tu ayuda.

Parecía encontrarse mal, pero no me di cuenta de ello hasta entonces, cuando fui consciente de que la Música estaba viva. Sabía que había algo diferente en la forma en que mis nuevos amigos hablaban de la Música. Ahora sabía por qué. La Música *está* viva y *es* real; pero ¿cómo podría estar enferma? Y ¿por qué pedía mi ayuda?

—¿Cómo puedo ayudarte? —pregunté.

—Cuando eras joven, no te daba miedo soñar; y esos sueños dieron vida a tu realidad. Sabías que yo estaba viva y me llevabas dentro. Sentías nuestra unión y la expresabas cuando y como querías. A medida que te hiciste mayor, anhelabas saber más de mí; pero a través de las clases y los libros abandonaste tu propia experiencia por la de otro. Cuanto más aprendías, menos sentías. Cuanto más abrías los ojos, menos soñabas. Cuanto más practicabas, menos tocabas; y pronto me olvidaste. No es culpa de nadie. Tus padres y profesores hicieron lo que creyeron mejor para ti, pero esa forma de aprender disminuyó muchos de tus dones naturales.

—¿Cuáles eran mis dones naturales?

—*Saber* ha sido siempre uno de tus mejores atributos, pero ahora te da miedo usarlo. No confías en ti mismo como lo hacías antes. Cuando eras niño, sabías lo que sabías y no lo cuestionabas. No necesitabas la justificación o aprobación de los demás. Tu experiencia, unida a lo que sentías, era tu verdad.

»Si me sentías dentro de ti, cantabas, tocabas o bailabas. No necesitabas una razón externa para hacerlo, ni instrucciones; ni siquiera un instrumento. Y por supuesto que no te importaba lo que nadie pensaría si te viera u oyera haciéndolo. Era hermoso. Cualquiera que estuviese cerca de ti se veía dentro de tu mundo y, por un momento, también se sentía conectado conmigo. Sentía la autenticidad de la Música.

Me podía recordar haciendo aquello de niño. Sentía algo y, sin pensar, lo liberaba. Empezaba a cantar a pleno pulmón o, en ocasiones, para mis adentros. Me ponía a bailar con cualquier canción que sonara en mi cabeza o que escuchase donde fuera y me inspirase. Mis padres siempre decían que tocaba el tambor con todo lo que pillaba y que hacía instrumentos con lo que tenía a mano. No sé cuándo o cómo perdí ese don, pero la Música tenía razón; lo *había* perdido.

—¿Cómo puedo recuperar esos dones naturales? —pregunté.

—Tienes que reconocerlos —respondió—. Nunca se pierde algo del todo. Sólo los enterraste muy profundamente dentro de ti. Tienes que reconocerlos y traerlos de vuelta al centro de tu ser para poder disfrutarme de nuevo.

»No disfrutabas las clases de música de niño porque ya sabías tocar. Tu profesor de Música te obligó a tocar escalas, digitaciones, y otros ejercicios rutinarios; pero no te permitió tocar libremente, y sentiste que eso te frenaba. Por tanto, no disfrutaste ni mejoraste en esas clases. Ibas allí con un sentimiento de temor.

»Incluso ahora, te sientes así al practicar. No quieres practicar; sólo quieres tocar. Así que, si crees que la práctica es necesaria, te vendría bien descubrir cómo practicar mientras tocas para poder sacar el máximo partido a ambas cosas. Aún no has sido lo bastante listo como para averiguarlo. Pero ten algo claro: al final de tus días, no dedicarás ni un momento a preguntarte si practicaste lo suficiente con el bajo.

Pensar en el final de mis días era algo inquietante, pero sabía que lo que decía era cierto. Nunca más volvería a gastar un tiempo precioso preocupándome por algo tan trivial como practicar. Aun entendiendo sus beneficios, sabía que practicar jamás me llevaría tan lejos como cuando *me dejaba ir* completamente mientras hacía Música. Me encantaba esa sensación, pero sólo ocurría en contadas ocasiones. ¿Cómo podía hacer que fuese algo habitual? La Música respondió a mis pensamientos.

—En tu mente, la Música no es una parte de quien tú eres. Es algo que tienes que ir a hacer a otro sitio. Ya sea el «cobertizo» o el club nocturno, crees que debes ir a ese lugar para encontrarme. No me llevas dentro de ti en todo momento como antes. De hecho, pocos siguen haciéndolo. Esta falta de unión es lo que me está matando.

—Trabajaré en ello, lo prometo.

—No es cuestión de trabajo; es cuestión de recordar, disfrutar, alegrarse, reconocer, tocar y saber. Debería ser fácil. Cuando eras niño no lo sentías como un trabajo y no deberías sentirlo así ahora. Si lo haces, ya sabes que ese no es el camino. Cuando pase, tómate un momento para ir «hacia dentro». Recuerda cómo es sentirme de verdad. Y sabrás dónde estar y qué hacer a continuación.

—Recupera lo que sabes de mí. Los libros y profesores pueden ser de ayuda; pero nunca deberían ser más importantes que lo que sientes y lo que sabes en lo más profundo de tu ser. Usa esas ayudas externas como herramientas para confirmar, poner a prueba o ampliar lo que sabes y sientes en tu interior. Eso es todo. Nunca les dejes ocupar el lugar de tus dones naturales.

Lo que decía era verdad, y yo lo sabía. Hubo un tiempo en que nuestra conexión era tan natural que no tenía que pensarlo. Sabía que ese era uno de los dones naturales de los que hablaba.

—Dime cinco palabras que me describan —le oí decir.

A pesar de lo extraño que resultaba tener una conversación con la misma Música, lo acepté completamente. Y ahora me pedía que la describiera. Sintiendo como sentía su energía alrededor, fue una tarea fácil.

—«Amor». «Emoción» «Belleza». «Expresión». «Armonía». «Comunicación». «Espiritual». «Natural». «Vibraciones». ¡Dios! Sé que son más de cinco, pero siento que podría seguir eternamente.

—Sí, podrías seguir eternamente, y todas tus sugerencias serían maravillosas. Has dicho palabras preciosas que me describen a la perfección. Eso debería recordarte que sí sabes quién soy. ¿Por qué, entonces, cuando llega el momento de tocar eliges olvidar?

No sabía qué pensar ni qué decir.

—Date cuenta —continuó— de que no has elegido las palabras «técnica», «escala», «modo», «teoría», «nota», «tapping», «golpe de pulgar», «mayor», «menor», o «armadura». Ni siquiera has elegido las palabras «bajo» o «guitarra». Pero esas son las palabras en las que eliges pensar cuando te llega el momento de tocar. En tu interior, sabes que eso no es lo que soy en realidad. Si toda tu atención se dirige a esas palabras, ¿cuándo llegarás a hacer Música? Te sugiero que eches un buen vistazo a las maravillosas palabras que has usado para describirme y aprendas cómo hacerlas sonar. Si eso es lo que soy para ti, así deberías tocar.

«Te has pasado años aprendiendo a tocar el bajo, tanto tiempo que te has olvidado de que lo que deberías hacer es Música. El bajo es solamente un medio para ayudarte a expresarte a través de mí. ¿Por qué entonces, después de todos estos años, continúas centrándote en el medio? Lo has olvidado. Espero pacientemente tu regreso.

Sus vibraciones me perforaban la carne de una forma que me hizo sentir a la vez culpable y renovado. Sabía que no me estaba juzgando, sino solamente diciendo la verdad. El hecho de que me hablase con energía y no con palabras hacía que la escuchase con todo el cuerpo. Y esas vibraciones eran exactamente lo que necesitaba; parecían tocarme el alma directamente.

—Si quisieras saber más sobre tu madre —continuó—, ¿cogerías un libro para leer sobre ella? ¿Buscarías un profesor para que te enseñase sobre ella? Un libro podría ayudarte a encontrar a tu madre; pero, una vez que la encontraras, ¿adorarías el libro? ¿Necesitarías siquiera el libro? ¿O irías directamente a tu madre y hablarías con ella, la escucharías, vivirías la experiencia de estar con ella y te unirías a ella? Tú y yo sabemos la respuesta. Vivir la experiencia de estar con tu madre directamente sería sin duda la mejor manera de aprender sobre ella.

»Con respecto a la Música, la mayoría de la gente elige los dos primeros métodos porque es todo lo que conocen. No se dan cuenta de que pueden hacer esto último. Hablan de mí como si me conocieran. Escriben libros sobre mí. Abren escuelas que enseñan sobre mí. Crean departamentos enteros en las universidades y les ponen mi nombre. Incluso crean y usan numerosos métodos para hacerme sonar, sólo para discutir sobre cuáles son mejores. Y la mayoría de las veces sólo hablan de mi «yo» superficial, no de mi «yo» real que una vez conocieron en el fondo de sus corazones. ¿Puedes creer que, de hecho, me han convertido en un negocio?

Podía sentir su poder al oírla hablar; pero entonces, mientras seguía escuchando, su voz se volvió tan encantadora que me puso la carne de gallina. «La carne de gallina nunca miente», me decía siempre mi madre.

—Lo que la gente ya no hace es hablar conmigo, simple y llanamente hablar conmigo —continuó la Música—. Los pocos que lo hacen no esperan que les responda. Mi relación con los ordenadores está a punto de volverse más íntima que la que tengo con los humanos.

—La gente se niega a sentirme. Yo les tiendo la mano, pero ellos retiran la suya. Eso me entristece profundamente. Puedes creerme, vivo en un mundo muy solitario. Todo lo que pido es que me sientan. Te tendí la mano y tú la cogiste. Eso me hace feliz. Tú me das esperanza.

Me sentí triste por ella. Podía sentir cómo todas sus emociones se filtraban dentro de mí. Me hizo llorar. Hice una promesa silenciosa de recordar sentirla y usarla para ayudarme a cambiar mis hábitos. Me di cuenta, de nuevo, de que la Música es real, está viva, y es accesible. Podía hablar con ella, sentarme con ella, abrazarla, reír y llorar con ella. También sabía que no debía tratar de crearla nunca más. Ella ya existe. Todo lo que debía hacer era venir a este sitio y la Música estaría esperando, completa, llena y viva.

Quería ayudar a que otros supieran lo que yo sabía. Quería que otros sintieran lo que yo sentía. Ayudarles a recordar su unión con la Música de forma real. Lo haría lo mejor que pudiese para ayudar a mantenerla viva. Nunca más tomaría parte en la muerte de la Música.

—Gracias —grité—. Muchísimas gracias. Me has ayudado a entender la responsabilidad, el honor y la alegría de ser músico.

—De nada; pero también deberías agradecérselo a tu bajo. El instrumento que elegiste te ayuda a venir a mí diariamente. En todos tus años como músico, ¿cuántas veces le has dado sinceramente las gracias a tu bajo?

La pregunta me aturdió. No sabía qué decir. Ella hizo una pausa, lo que me dio tiempo para procesar sus palabras antes de que continuara.

—Hazlo sinceramente y con frecuencia, y observa lo que pasa. Todos los elementos que conforman tu instrumento están vivos. El hecho de que los reconozcas y aprecies puede cambiar la forma en que respondéis el uno al otro.

Dar las gracias a mi bajo. Era un concepto profundo y no dejaba de darle vueltas. Me resultaba difícil creer que nunca lo hubiera hecho antes. Ni siquiera lo había pensado. Después de tantos años tocando el instrumento, no le había dicho «gracias» ni una vez. Sabía que algunas cosas en mi vida tendrían que cambiar.

—Recuerda —dijo—: hazme sonar todo lo que quieras, pero hay algo que debes saber. Sólo me conocerás completamente cuando permitas que *yo* te haga sonar a *ti,* porque es entonces cuando seremos uno y el mismo.

¿Permitir que la Música me haga sonar a mí? Era otro concepto nuevo que tenía todo el sentido del mundo. No sabía por qué no lo había pensado antes. Me di cuenta por primera vez de que mi relación con la Música había sido unilateral. Nunca la escuchaba de verdad. Ese tipo de relación nunca funcionaba.

—Sólo a través del poder de la escucha puedes conocer algo de verdad —me dijo.

Esas palabras siguen aún conmigo.

Cerré los ojos y le dejé tomar el control. Eso produjo un cambio en mi energía; y, por primera vez, pude sentir mi cuerpo. Algo crecía dentro de mí. Me sentía como si todo mi cuerpo estuviese vibrando a gran velocidad. También me di cuenta de que brillaba con colores vibrantes, los mismos que emanaban de la Música. La Música y yo nos estábamos fundiendo en uno. A pesar de lo bien que me sentía, no confiaba en mí mismo lo suficiente como para dejarme ir del todo. Aún me aferraba a algo.

Relájate. Déjate ir. ¿A qué te estás aferrando?

Tan pronto como pensé eso, tuve una fugaz visión de mí mismo como la vagabunda que llevaba el carrito.

Se me hacía difícil aferrarme al sentimiento de luz, el sentimiento de unión, el sentimiento de…la Música. Lo estaba perdiendo.

—¡Ayúdame! ¿Qué debería hacer?

—No existe el «debería« o «no debería». Sólo hay elecciones. Lo que elijas hacer a continuación es cosa tuya. Nadie puede decírtelo. Se te ha mostrado todo lo que necesitas saber.

Reconocí la voz. Abrí los ojos llenos de lágrimas y vi a Michael enfrente de mí, justo en el sitio en el que estaba cuando apareció en mi casa por primera vez. ¿Era él, o era la Música quien me había estado hablando momentos antes?

Por primera vez desde que le conocía, Michael llevaba ropa normal. Vestía pantalones negros, camisa blanca con botones y corbata. Hasta sus zapatos eran normales, y no veía el monopatín por ningún lado. No podía creerlo. Estaba confundido. «Debo estar soñando», dije en voz alta.

Me senté para ver mejor, sacudí la cabeza y me limpié las lágrimas de los ojos. Cuando me los aclaré, se produjo un cambio. Michael parecía llevar ahora el mono azul de la NASA con que le vi en un principio. En una mano llevaba el casco de la moto. En la otra llevaba el monopatín.

—¡Michael! —Fue todo lo que se me ocurrió decir. Aunque ahora parecía él, yo estaba aún más confundido.

—No destaques en tu forma de vestir y actuar y tus estudiantes no destacarán —, fue todo lo que le oí decir.

Sonrió fugazmente y me guiñó el ojo, y se fue. Sin más. No lo entendía. Sacudí de nuevo la cabeza para ver si reaparecía. No lo hizo. No sabía qué sentir o qué pensar. Lo único que sabía era que sería la última vez que le vería. Me dejé caer en el sofá, mirando al vacío, con el bajo en mi regazo.

Miré por la habitación y vi un monopatín en el suelo. Me senté. *El de Michael*, pensé; o...*espera un minuto, ¿es mío? Antes tenía uno.* Volví a reclinarme. Aquello era demasiado para mí. La cabeza me daba vueltas y empecé a marearme. Estuve buscándola, pero la línea que separaba el sueño de la vigilia no aparecía por ninguna parte; y la línea que me mantenía cuerdo se estaba borrando con rapidez. La estaba perdiendo, y lo sabía. Estaba asustado.

Contrólate, me dije. *No te limites a ti mismo.*

¡Un minuto! Recuerdo esas palabras. Las dijo Michel. ¿O las dije yo?

—¡Despierta! ¡Vete a dormir! ¡Haz algo! No lo pierdas —dije en voz alta —. Michael me advirtió de esto. ¡Sí! ¡Michael! ¡Bien! ¡Piensa! ¿Qué más dijo Michael?

Se te ha mostrado todo lo que necesitas saber.

¿Quién dijo eso? ¿Qué quería decir? ¿Todo lo que necesito para hacer qué? Seguía sin tener bolos ni dinero; y si no pagaba el alquiler pronto no tendría dónde vivir. Recordar lo acuciante de mi situación aceleró mi vuelta a la realidad. Esa era una sensación que sí podía gestionar. Como si me estuviese ahogando en mitad del océano, traté de agarrarme a ese pedazo de realidad como a un chaleco salvavidas. Lo perdí. En vez de eso, me estaba hundiendo en las profundidades de mi mente.

Me esforcé en encontrarle algún sentido a todo, pero ni siquiera podía levantarme del sofá. Era difícil creer que justo unos momentos antes estaba lleno de emoción y de lágrimas, y ahora estaba asustado y deprimido. Traté de dormirme otra vez, pero no pude.

Quizá esté dormido. Un minuto: ¿he estado dormido todo el tiempo? Yo me senté a practicar, ¿no?

Sacudí de nuevo la cabeza y luché para levantarme. En el proceso, toqué accidentalmente una cuerda del bajo. Al tenerlo en mi regazo, el sonido reverberó a través de mi cuerpo activando un sentimiento familiar. Estaba empezando a recuperar algo de autocontrol.

Pensé en la Música. Hacerlo me ayudó a relajarme un poco más. Me esforcé en concentrarme para intentar recuperar el control de mi mente. Funcionó. Podía recordar parte de mi visión y mi promesa de ayudar a mantenerla viva, pero no podía recordar cómo se suponía que iba a hacerlo.

¡Recuerda! Puedes hacerlo, me dije. *Inténtalo con más fuerza.*

Me quedé tumbado, pensando con la suficiente intensidad como para que me doliese la cabeza cuando escuché la voz de Michael una vez más:

Intenta hacerlo fácil, amigo mío. Intenta hacerlo fácil.

CODA

DE VUELTA AL PRINCIPIO

¿Qué es más peligroso para una persona: el éxito o el fracaso?

La vida suele repetirse a sí misma. También parece ir más deprisa a medida que uno se hace mayor. Han pasado casi seis años desde que llevé aquel carrito de la compra; y aunque a veces puedo oír su voz en mi cabeza y todavía recuerdo cada experiencia como si hubiese sucedido ayer, no he vuelto a ver a Michael desde aquel día. Bueno; en realidad, tampoco estoy muy seguro de eso.

El verano pasado me invitaron a tocar en un concierto benéfico en el Carnegie Hall, en New York, lo que fue una auténtica pasada. Mientras estaba tocando, me pareció ver una cara familiar sentada en el anfiteatro. Más que verle, le sentí. Quizás fue sólo que quería que fuese él.

El anfiteatro de esa sala está demasiado lejos como para ver con claridad la cara de nadie, pero cuando me guiñó un ojo estuve casi seguro de que era él. Hubo una chispa inconfundible que reconocí. Hasta donde yo sé, no dejó una nota ni trató de contactar conmigo de ninguna otra forma. Habría estado bien verle de nuevo; pero no contaba con ello, aunque seguía pensando en él y le veía en sueños. De alguna forma, sentía que estaba cerca, observando.

Las cosas han cambiado mucho en los últimos cinco años; y a causa de Michael, mi Vida está yendo continuamente a mejor. Mi relación con la Música me permite tocar mejor que nunca, y cualquiera puede comprobarlo. Me llevó un tiempo, pero creo que ahora entiendo lo que quería decir con eso de que necesitaba dejar de tocar el instrumento. A día de hoy, aunque aún no de forma constante, me esfuerzo al máximo en hacer Música y no sólo en tocar el bajo.

Me he convertido en un miembro fijo del grupo de Jonell, y sigo tocando con The Cliffnotes cuando puedo. Es una suerte no tener que seguir luchando para conseguir trabajo y subsistir.

Hace poco, he oído hablar de un músico de bluegrass que está formando un grupo de jazz para tocar algunas canciones en un programa de televisión. Él ha oído hablar de mí a un amigo común y quiere contactar conmigo. No estoy seguro de que mi estilo vaya a pegar con el suyo. Mi gusto por el bluegrass aún no está desarrollado del todo; pero como quiere formar un grupo de jazz quizá le dé un toque.

El hecho de que los músicos locales me valoren y me llamen ha mejorado mucho mi autoestima. Cuando la Sociedad de Música local me dio el premio al Bajista de Nashville del Año, fue toda una sorpresa. La segunda vez, aunque de alguna forma lo esperaba, fue también un gran honor y abrió la puerta a otras oportunidades.

El reconocimiento de mis colegas me hace sentir genial, y lo agradezco; pero siempre trato de mantenerme bajo control. «¿Qué es más peligroso para una persona: el éxito o el fracaso?» me preguntó Michael una vez. He vivido de cerca ambas situaciones. Algunos conocidos míos se volvieron casi irreconocibles después de haber tenido éxito. Se convirtieron en personas que jamás habría elegido como amigos. Otros se rindieron después de algunos errores y dejaron que sus sueños de toda la vida se desvanecieran. Decidí hacer lo que estuviese en mi mano para no caer en ninguna de esas dos categorías.

Ahora, los colegas y las tiendas de Música me buscan para dar clases magistrales y cursos. No me considero un maestro de nada, ni tengo demasiada clase; pero incluso aunque no fui jamás a la universidad, sí creo que tengo algunas cosas que ofrecer.

La gente me pregunta continuamente a qué escuelas de Música he ido. La Escuela «Michael» de Música y Vida, me dan siempre ganas de responder; pero nunca lo hago. No le he contado a mucha gente mi experiencia con él. Ni siquiera mi novia sabe toda la historia. Siempre estoy deseando compartir las lecciones que he aprendido, pero rara vez le cuento a alguien dónde las aprendí.

De todas formas, ¿quién iba a creerme? Quiero decir que nunca llegué a saber quién era Michael o de dónde vino. Cuanto más tiempo pasa, más empiezo a pensar que quizás, sólo quizás, salió de mi imaginación, de algún lugar recóndito de mi mente, a donde ahora ha vuelto a vivir. Aún puedo oírle por allí muchas veces. Como ya dije, es como si estuviese constantemente reorganizando mis ideas.

Pienso mucho en todos ellos: Michael, Tío Clyde, Sam e Isis. ¿Por qué vino a mí toda esta gente tan extraña? ¿O fui yo a ellos? De cualquier forma, el poco tiempo que pasé con esas personas me llevó más lejos en el sendero de la Música de lo que jamás podría haber imaginado.

Mirad: para mí, esa gente son la Música. Vi con claridad que la Música se relaciona con todo, especialmente con la naturaleza y el lenguaje, pero para hablarla con fluidez debo hacerme parte de ella primero. La misma Música me lo dijo; y ahora que entiendo a qué se refería, puedo apreciar completamente la letra: «Una vez estuve perdido, pero me encontré».

Y acerca de Isis, no sé qué era más extraño, si ella misma o la información que me dio. En cualquier caso, aunque me ha llevado casi cinco años, ahora veo claramente el papel que juegan los números en la Música. Toda la Música se puede reducir a números; y dado que la Música y la Vida son lo mismo, supongo que la Vida también está hecha de números. Una vez oí decir a alguien que todo lo que hay en la Vida podía reducirse a una ecuación. Eso es demasiado matemático para mí, pero supongo que cualquier cosa es posible. Lo que *sí* sé es que los músicos de Nashville han ideado un modo de leer y escribir Música sin usar ninguna letra. Lo llaman el Sistema Numeral de Nashville.

Sam y yo nos vemos ahora constantemente. Él es el único con el que puedo compartir las historias de Michael. Quedamos a menudo y nos ayudamos a asimilar todo lo que seguimos aprendiendo. Aunque he progresado lo bastante como para enseñarle algunas cosas, es Sam quien hace de profesor con más frecuencia.

El tío Clyde murió hace algunos años. O, al menos, eso creo. Me hizo pensar en un dicho que Michael usó una vez. Tenía que ver con una biblioteca que se perdía siempre que moría una persona anciana. Le venía a Clyde como un guante. Sé que sólo atisbé una pequeña parte de todo el conocimiento que había en su mente.

Solía visitarle regularmente hasta que, un día, él y sus pocas pertenencias habían desaparecido. Cuando pregunté a la gente de la zona por él, nadie parecía saber de quién hablaba. Algunas personas dijeron que recordaban algo de un accidente de coche. Quizá fue el que yo vi, en el que la ayuda de Michael y Clyde devolvió a la Vida a un hombre. Yo parecía ser el único que tenía un recuerdo claro del hombre que vivía bajo el puente. Era algo extraño, pero había algo más raro aún.

La última vez que fui a visitar a Clyde, no había nada debajo del puente excepto su armónica. Estaba puesta allí al aire libre, como esperándome. Me sorprendió que nadie la hubiese cogido. Michael habría dicho que Clyde la dejó para mí, y estoy seguro de que Clyde habría querido que yo la tuviera. Así que la cogí. Fue un día triste.

La parte más curiosa de la historia está en el hecho de que, cuando cogí su armónica, sabía tocarla. En cuanto estuvo en mi mano, supe que podría hacerlo, así que lo hice. Justo entonces y allí, yo solo, toqué. Cuando volví a casa y saqué el instrumento de Clyde, la sensación no estaba ahí, así que no intenté tocar de nuevo ni lo he vuelto a hacer. Sé que recuperaré esa sensación a su debido tiempo.

Algo parecido ocurrió con Isis. Después de conseguir comprender bien todo lo que me dijo, volví a la tienda de libros a seguir preguntando. Para mi sorpresa, no había señales de ella en la tienda. Hasta su mesa había desaparecido. El dependiente me dijo que no envolvían regalos ni lo habían hecho nunca. Me sentí inseguro y no pregunté si Isis había trabajado allí alguna vez.

Cuando volví al coche, había una tarjeta en blanco metida en el parabrisas izquierdo. Al sacarla y darle la vuelta, me llevé una sorpresa. Lo único que había era un círculo escrito a mano. *El número cero.*

Estaba desconcertado. Vagué por el aparcamiento buscando a Isis. *No puede haber ido lejos.* Intenté escuchar el tintineo de sus pulseras. No había nada. Me dirigí de nuevo a la tienda a seguir preguntando, pero algo me dijo que lo dejara estar.

Cansado, aturdido, y confundido, me metí al coche. Al girar el contacto, una canción de los Beatles sonó por casualidad en la radio. La letra de Paul McCartney alivió mi mente, y su reconfortante voz llenó el aire: «Y en mi hora de oscuridad ella está enfrente de mí hablando con sabiduría, *déjalo estar*».

Eso fue lo que hice. Y aún llevo esa tarjeta en la cartera a todas horas.

Por increíble que parezca, también he seguido en contacto con el halcón de ala roja. O quizá es él quien ha seguido en contacto conmigo. Ha decidido seguirme desde que me mudé al bosque que hay al oeste de la ciudad. El nido que comparte con su pareja está a un paseíto de mi cabaña de madera. Siempre que tengo esa sensación en particular, salgo al porche y suele estar posado allí en una rama baja. Le veo mirarme fijamente, moviendo la cabeza de lado a lado. Actúa como si tuviese algo que decirme, o quizá es sólo que me controla. Aunque lo intento, aún no he conseguido que se me pose en el brazo. Quizá algún día.

Siguiendo las instrucciones de Michael, he empezado a hacer meditación a diario. Bueno, casi a diario. Me ha ayudado mucho en todos los aspectos de mi Vida, especialmente en mi conexión con la Música y el mundo natural. También me he convertido en un naturalista y senderista bastante decente. Casi todo lo atribuyo a la meditación diaria.

Las cosas van muy bien ahora que he procesado la mayoría de lo que Michael me mostró. Sus lecciones y conceptos fueron relativamente fáciles de pillar una vez que los asimilé. También tuve que familiarizarme con su método de enseñanza. Por ejemplo: cuando me dijo la primera vez que las notas estaban sobrevaloradas, no llegué a entender a dónde quería ir a parar. Más tarde descubrí que, en realidad, él no pensaba eso. Sólo me lo dijo para hacer que me concentrase más en los otros elementos. Él sentía, como yo ahora, que la mayoría de los profesores y músicos desatienden los otros elementos y que hay que prestarles más atención. Al final lo entendí.

Su forma de alterar la verdad cuando enseñaba era nueva para mí; pero una vez entendí cómo y por qué lo hacía, la incorporé a mi propio método de enseñanza.

La consciencia también era una parte integral de sus enseñanzas, y ahora lo es de la mía. Me hizo ser consciente de cosas en las que jamás había reparado. Ahora que he sintonizado con su forma de pensar, la he hecho mía y hago mis propios milagros.

Un día, mientras estaba en un museo de arte de París, ocurrió algo extraño. Vi un hilo de marcas débiles pero brillantes en el suelo de mármol. Nunca había visto marcas así antes, así que hice lo que cualquier rastreador habría hecho: las seguí. Me llevaron hasta un niño que había perdido a sus padres. Me dijo que se había parado a mirar una cosa, y cuando se volvió se habían ido. No podía verle llorar así. Busqué a un empleado y le conté lo que pasaba. Eso llevó a un rápido y feliz reencuentro con su familia. El incidente no fue tan extraño como el hecho de que todo transcurrió en francés. Yo nunca había hablado francés hasta ese momento.

Más tarde recordé que había tenido la sensación de hormigueo cuando vi las lágrimas del niño. Era la misma sensación que tengo siempre que siento al halcón o que tuve cuando cogí la armónica del tío Clyde y me di cuenta de que podía tocarla. La sensación sigue teniendo algo de irreal. Como una premonición, siempre precede a la experiencia. Cada vez que aparece, sé que algo especial va a venir a continuación. Por fin cobraba sentido mi atracción de la infancia por Spiderman. Es como si tuviese mi propio sentido arácnido.

Cuando volví de París, empezó a pasarme a todas horas. Sabía las cosas sin saber de dónde venía ese conocimiento. Al principio me sorprendía, pero ahora me he habituado. Esta confianza hace que aparezca aún con más fuerza. Siempre que pasa, bromeo conmigo mismo y pienso que Michael se ha metido en mi cabeza.

Dar las gracias a mi bajo es otro hábito que he adquirido. Solía dar gracias sólo cuando estaba a punto de comer, pero ahora digo «gracias» por todo. Doy las gracias por mis dolores de cabeza, mi ropa, mi televisor y mi Vida. Y doy las gracias por la Música. Doy las gracias todo el tiempo, y de verdad que se nota la diferencia.

La primera vez que di las gracias a mi bajo fue una experiencia increíble. El concepto en sí era nuevo para mí. No estaba seguro de lo que se suponía que tenía que hacer, pero lo hice igualmente.

Di las gracias a las clavijas de afinación por aguantar el calor cuando las estaban fundiendo. Di las gracias a las cuerdas por su entorchado y por poder enrollarse. Di las gracias a la madera por ser cortada, tallada y lijada. Di las gracias a los cables, las pastillas, los componentes electrónicos y las pilas. También di las gracias a la gente y a las ideas que habían intervenido en la fabricación de cada pieza. Di las gracias a todo aquello en lo que pude pensar por todo lo que habían pasado para producir un instrumento del que yo me beneficiaba. También me disculpé por no haberlo hecho antes. Todo el proceso me llevó unos 20 minutos.

Cuando terminé me puse de pie, metí el bajo en la funda y cogí mis otras bolsas. Al agacharme a coger el bajo, pareció levantarse solo y volar a mi hombro. Me quedé allí, conmocionado. El peso de la funda por sí sola suele bastar para darme dolor de espalda, pero en esa ocasión la sentí tan ligera como una pluma. Cielos, Michael, esto realmente funciona.

La más extraña de todas las coincidencias tuvo lugar mientras visitaba a mis padres en Virginia. Estaba en mitad de dos giras y decidí volver a mi pueblo unos días de vacaciones. Mientras estaba allí recuperé el contacto con muchos viejos amigos y pasé ratos estupendos con los colegas.

Por alguna razón, decidí ir a correr una mañana temprano. Cuando salí, me di cuenta de que hacía más fresco de lo que pensaba. No iba vestido apropiadamente. El sol aún no había salido lo suficiente como para calentar el ambiente. Correr no es lo que más me gusta del mundo, y menos si hace frío.

Como no quería perder tiempo, volví a la casa de mis padres para coger cualquier cosa que me mantuviese caliente. Me di cuenta de que la puerta se había cerrado y me había quedado fuera de la casa, así que cogí del porche el impermeable amarillo de mi madre y un sombrero marrón de ala ancha que mi padre usaba en el jardín. Como mis colegas aún no se habían levantado, supuse que podría utilizar esa ropa sin arriesgarme a quedarme sin amigos. Me di cuenta de que esas prendas, junto a mis medias azules de correr, me conferían una imagen cuando menos peculiar.

Esa mañana llegué corriendo más lejos de lo que esperaba. Al no ser un corredor experimentado me cansé enseguida, a varias millas de la casa de mis padres. No tuve en cuenta que tendría que correr de vuelta. Opté por caminar.

En el camino de vuelta, decidí tomar un atajo (o eso creía) atravesando el aparcamiento de unos grandes almacenes. En la distancia, vi lo que parecía un monociclo apoyado en el contenedor de basuras de los almacenes. Al acercarme, comprobé que estaba en lo cierto. Soy fan del circo desde hace mucho, así que cogí el monociclo con la idea de arreglarlo y poderlo usar algún día. La llanta estaba doblada, por lo que la rueda se bamboleaba cuando giraba por la calle.

El pueblo había cambiado mucho desde la última vez que estuve. Eso me desorientó bastante, al igual que el atajo. Una vez me di cuenta de que me había perdido, *ocurrió*.

Comenzó con el ya familiar hormigueo, que ese día era más fuerte de lo habitual. No sabía por qué apareció o qué significaba, pero sabía que algo o alguien me estaba hablando. Agudicé mi consciencia y desplegué las antenas en todas direcciones. No percibí nada, así que seguí caminando hasta que llegué al siguiente complejo de apartamentos. Allí fue donde las cosas empezaron a resultarme familiares, aunque aún no reconocía nada.

Según iba caminando, vi un destello de luz que provenía de alguna parte en la tercera planta de uno de los edificios. Me pregunté si era sólo un reflejo del sol. Fui incapaz de ignorarlo, y me vi subiendo las escaleras a la tercera planta con el monociclo a cuestas.

Cuando llegué a la zona de la que había venido el destello, me di cuenta de que estaba justo frente a un apartamento. La puerta estaba frente a mí. Sin saber por qué, entré.

Nada más entrar, supe que estaba en la casa de un hombre soltero. Estaba todo desordenado. Miré por la habitación y vi a un hombre joven de unos veintipocos durmiendo en el sofá con (lo habéis adivinado) un bajo eléctrico en el regazo.

Interesante. Me acerqué para verle mejor. Justo cuando estaba frente a él, abrió los ojos.

—¿Quién eres? —preguntó, quizá con más calma de la que habría tenido yo.

No sabía qué decir, así que seguí mi instinto. «Soy tu profesor», respondí.

—¿Profesor de qué?

—De nada.

—¿Cómo has entrado aquí? —preguntó.

—Tú me has pedido que viniera.

—¿Yo? ¿Te he dado una llave?

—No necesito llave.

—¿Qué vas a enseñarme?

—Nada.

—¿Qué quieres decir con «nada?»

—Exactamente eso. Nada. No puedo enseñarte nada porque nadie puede enseñar nada a otra persona. Pero puedo *mostrarte* cosas.

—¿Puedes mostrarme música? —preguntó.

—Sí, puedo; pero no tan bien como la misma Música.

—¿Qué quieres decir con «la misma música»?

—Ya lo verás, o no —respondí, luciendo la sonrisa del gato de Cheshire.

—Si no eres profesor, ¿quién eres y cómo debo llamarte?

Pensé antes de responder. Podía haberle dicho cualquier cosa. «Victor», dije. «Llámame Victor».

Se sentó al borde del sofá. «De acuerdo, Victor, empecemos entonces».

Guau, está mucho más avanzado de lo que yo estaba. No estaba seguro de si yo estaba tan preparado como parecía estarlo mi nuevo alumno.

Entonces me di cuenta de lo que estaba pasando. Por primera vez entendí completamente a dónde quería llegar Michael cuando me dijo lo de ser el «guardián de la llama».

—Recuerda —Michael había dicho—: es fácil aprender a tocar tu instrumento, pero tocarlo bien no es suficiente. Es el momento de que entres en el mundo del auténtico músico. Es el momento de que te conviertas en un aliado de la Música y compartas sus bendiciones. Tú eres ahora el guardián de la llama. Por favor, mantén viva esa llama y nunca, repito, *nunca* permitas que la Música muera.

¿En qué me estoy metiendo? Yo no soy Michael. Este es su bolo, no el mío. Pero yo estaba allí y él no. Así que decidí seguir con aquello.

¿Qué iba a hacer si no?

Mientras cogía asiento, me miré y me di cuenta de la pinta que llevaba. «No destaques en tu forma de vestir y actuar y tus estudiantes no destacarán», fueron las palabras que me vinieron a la cabeza. Decidí, en ese instante, hacer todo lo que estuviese en mi mano para seguir esa norma.

Michael estaría orgulloso. Jugar con la mente de ese chico era divertido, y estaba deseando seguir.

Acepté mi nuevo rol y me senté, me bajé el ala del sombrero hasta los ojos y me apoyé el monociclo en el regazo. Me senté, sereno y dispuesto, y me preparé para rasguear los radios.

—¿Por dónde quieres empezar? —pregunté al chico.

Al sentarse, soltó una frase demasiado familiar:

«¡Tío, tengo tanto que aprender!».

Agradecimientos

Gracias a todo el personal en Penguin Group (USA) por publicar este libro. Doy las gracias especialmente a David Shanks, Norman Lidofski, Leslie Gelbman, Susan Allison, Howard Wall and Shannon Jamieson Vasquez. Gracias a todos por ayudarme a conseguir este sueño.

Hay mucha gente que merece mi agradecimiento por haber podido hacer de este libro una realidad. Todos vosotros, lo sepáis o no, habéis formado parte de mi vida de una forma que me ha permitido llegar a ser quien soy. Consciente o inconscientemente, contribuís a todo lo que hago.

Este libro es sólo un aspecto de nuestros esfuerzos conjuntos. Me gustaría daros las gracias por la lectura, correcciones, edición, consejos, enseñanzas, sugerencias, críticas, cumplidos, tolerancia, y ayuda, o no, de una u otra forma. Os lo agradezco sinceramente.

Mi reconocimiento más especial, con besos y abrazos, va para:

Mi mujer, Holly, y mis hijos, Kalia, Adam, Arianna, y Cameron, por quererme, enseñarme e inspirarme y por ayudarme a ser una mejor versión de mí mismo. ¡Os quiero!

Mis padres, por educarme tan bien; mis hermanos Regi, Roy, Rudy y Joseph por enseñarme Música; Paul Hargett y Rod Taylor por las incontables horas de ayuda, edición, ideas, consejo, e inspiración; Danette Albetta, Steve Bailey y David Welsch por su continua amistad, guía, ayuda y apoyo; Todos los miembros, personal, y seguidores de The VW Band y Béla Fleck & the Flecktones;

Mis profesores de Música (demasiados para nombraros a todos) por compartir vuestros dones y los suyos conmigo;

Los profesores que me enseñaron a apreciar la Naturaleza: Tom Brown Jr., Charles Worsham, Richard Cleveland, Seth Recarde, Hilary Lauer, Colleen Katsuki, Jon Young y otros por descubrirme un mundo nuevo y por enseñarme a mirar de otra forma;

Todos los participantes en los campamentos de Bajo en la Naturaleza y Bajo en la Playa por permitirme experimentar con vosotros;

Richard Bach, Neale Donald Walsch, James Twyman, John McDonald, Genevieve Behrend, y otros por vuestras sugerentes obras;

Kay Robertson, Denise Pilar Yver, Jennie Hoeft, Michael Kott, Sam Hunter, Jonathan Chase, y todos los que me han ayudado e inspirado de una manera especial;

Y un enorme GRACIAS a mis instrumentos musicales por permitirme expresarme a través de ellos.

Un agradecimiento muy especial va para Michael y la Música por dejarme escribir sobre ellos.

¡Gracias!

¡Os quiero a todos!

¡Paz!

VICTOR L. WOOTEN

Sobre el autor

Victor Lemonte Wooten ha ganado cuatro veces el premio Grammy y tres veces el de Instrumentista del Año de la revista Bass Player (el único bajista que lo ha ganado más de una vez).

El más joven de cinco hermanos, empezó a tocar el bajo sobre los dos años y fue el bajista del grupo familiar, The Wooten Brothers, antes de empezar el colegio. Victor atribuye a sus padres y hermanos su visión de la Música y la Vida.

Sus excepcionales cualidades y su deseo de compartirlas inspiraron al escritor Paul Hargett para escribir una biografía suya autorizada titulada «Mi bajo y yo» (Amberock Publications, www.meand mybassguitar.com).

Sigue grabando y haciendo giras con su propio grupo y como miembro del grupo premiado en los Grammys Béla Fleck & The Flecktones.

Victor vive con su mujer y sus cuatro hijos en una cabaña de madera cerca de Nashville, Tenessee.

Para saber más de Victor Lemonte Wooten, su Música, sus libros, sus cursos y otros detalles, visiten:

> www.victorwooten.com
> www.thebassvault.com
> www.flecktones.com